NATURE ET SPIRITUALITÉ

DU MÊME AUTEUR

À la fin de l'ouvrage, p. 303

Jean-Marie Pelt

avec la collaboration de Franck Steffan

Nature et spiritualité

Fayard

ISBN 978-2-213-63305-3

PROLOGUE

Ce livre ne se veut pas un ouvrage savant : sa rédaction eût dépassé largement les compétences de l'auteur. Plus modestement, il entend mettre en lumière les profondes convergences des grandes traditions philosophiques, spirituelles et religieuses du monde sur des points essentiels de la sensibilité moderne. Celle-ci se décline en trois idées : la nécessaire sobriété écologique pour limiter l'épuisement des ressources naturelles ; l'alliance nécessaire de l'homme et de la nature pour maintenir les grands équilibres biologiques et climatiques ; enfin la mise en cause du rêve prométhéen, si caractéristique de notre temps, où sciences et techniques, étroitement liées au capitalisme, emmènent l'humanité au pas de charge dans un rêve de puissance et de domination, au mépris de toute modération et sagesse.

Pour assurer l'avenir de nos enfants, des choix urgents s'imposent. Ils devront tenir compte des exigences nouvelles imposées à l'*Homo sapiens*, dès lors qu'il est la seule espèce vivante à éclore à la conscience et donc à la responsabilité. Car nous sommes désormais seuls responsables de l'avenir. Il va falloir choisir, et vite, entre la poursuite effrénée de l'évolution actuelle, qui nous mène droit dans le mur, et changer de cap, aller résolument vers une autre civilisation : *Homo sapiens* contre *Homo demens*.

Ce livre voudrait éclairer et faciliter ce choix.

INTRODUCTION

Relever les défis du futur

La fin de la Seconde Guerre mondiale vit se lever sur le monde l'espoir d'une paix durable. Cette fois, c'était bien la « der des ders » ! Malheureusement, celle-ci laissait l'Europe coupée en deux et bientôt l'équilibre de la terreur fit peser sur le monde une menace inédite, liée à la détention par les deux Grands, puis bientôt par quelques autres, de l'arme nucléaire.

Pourtant, à l'aube des années soixante, un vent nouveau s'était levé, celui de la « détente ». Kennedy et Khrouchtchev, les deux « K », se rencontrèrent à Vienne pour mettre fin, du moins l'espérait-on, à la tension qui opposait les deux blocs. À la même époque, les pays colonisés accédaient à l'indépendance, suscitant pour eux et pour le monde de nouveaux espoirs. L'Église, de son côté, décidait de faire peau neuve sous l'impulsion de Jean XXIII, le bon pape Jean, qui eut l'audace de convoquer un concile visant à mettre à jour (l'aggiornamento) des habitudes héritées d'un passé bimillénaire.

Mais, pour reprendre le langage de Charles Péguy, les « époques » durent moins que les « périodes » ! Aux époques se lève un vent d'espérance et de renouveau qui, hélas, trop souvent retombe tandis que l'humanité piétine au long de périodes plus ternes. Ainsi le bel élan du début des années soixante ne tarda pas à retomber : la guerre froide reprit, l'Afrique alla à la dérive, le Concile ne tint pas ses promesses.

Pour continuer à user du vocabulaire de Péguy, une nouvelle époque émergea avec la chute de l'Empire soviétique, du communisme et du mur de Berlin. Cette fois oui, décidément, comme le notait dans un article célèbre l'auteur américain d'origine japonaise Francis Fukuyama, c'était bien la « fin de l'Histoire » ! Dès lors que le libéralisme politique et économique assurerait dans le monde entier la permanence de la démocratie et que l'ordre marchand régulerait les marchés par la fameuse « main invisible » chère aux économistes libéraux, que pourrait-il donc advenir qui puisse mettre en péril ce magnifique édifice d'un capitalisme désormais maître du monde ? D'ailleurs, les hommes n'étaient-ils pas faits pour s'entendre, en tout cas pour s'écouter ? Car l'émergence concomitante des technologies de la communication et bientôt d'Internet allait donner un visage au fameux village planétaire dont McLuhan avait prophétisé l'avènement. D'une extrémité à l'autre de la Terre, les idées allaient être brassées, échangées, partagées. Elles se féconderaient mutuellement, de sorte qu'il deviendrait impossible et même impensable de voir surgir des conflits qu'une meilleure communication entre les humains ne pourrait que désamorcer dès les premières manifestations.

Quinze ans ont passé et de tout cela il n'a rien été. Bien au contraire, trois crises aujourd'hui nous menacent : écologique, géopolitique, sociétale.

La menace écologique qui déjà se dessinait à l'époque a pris, avec la réalité aisément perceptible par tous du réchauffement climatique, une place inquiétante parmi nos préoccupations. Redoutée pour les générations futures, elle s'est brusquement rapprochée et menace directement nos propres enfants, si ce n'est nous-mêmes. Elle nous atteint avec le cortège d'inquiétudes qu'elle suscite : grave perturbation du climat, aux effets imprévisibles ; érosion accélérée de la biodiversité ; déforestation, déboisement, aridification et désertification des sols ; aggravation des pollutions de l'air et de l'eau ; atteintes à la santé liées à l'utilisation intempestive d'innombrables molécules mises imprudemment sur les marchés sans avoir été testées au préalable pour détecter d'éventuels effets nocifs. Et l'on découvre du coup que les mécanismes économiques mis en œuvre depuis le début de l'ère industrielle ne sauraient perdurer en l'état. Au sens propre du mot, ils ne sont pas *durables.* D'où une véritable révolution culturelle en cours avec l'apparition du concept de « développement durable ».

Mais la crise écologique n'est pas la seule menace à peser sur l'humanité de ce début de millénaire. Une crise géopolitique majeure se dessine, désignée par l'essayiste Samuel Huntington, entre autres, sous l'appellation de « choc des cultures ». Tandis que l'islamisme monte en puissance dans l'ensemble du monde musulman et qu'il arme, dans ses versions les plus dures, le bras des kamikazes, la démocratie, dont Fukuyama voyait l'extension irréversible au monde entier, recule dans de nombreux pays du monde arabo-musulman menacés par le fondamentalisme. Tandis que la guerre civile couve ou flambe en Irak, en Palestine, en Afghanistan, au Liban, le régime du président Musharraf au Pakistan reste fragile. Or, si ce grand pays musulman devait basculer à son tour dans l'islamisme, celui-ci détiendrait du coup l'arme nucléaire.

Bref, une forme de haine de l'Occident s'installe au Moyen-Orient, dont il est permis de s'interroger sur ce qui la suscite et la nourrit. Qu'elle submerge les plus grands pays pétroliers de la planète et un conflit majeur, sans doute mondial, ne manquerait pas de se produire.

Ce choc des cultures est d'abord un choc des valeurs. Notre conception de la liberté individuelle, des droits imprescriptibles de la personne, de l'égalité des hommes et des femmes, heurte de plein fouet une morale beaucoup plus restrictive. D'où l'embrasement des rues lorsque la liberté d'expression à l'occidentale est interprétée comme blasphématoire à l'égard de l'islam, comme ce fut le cas lors de la publication des fameuses « caricatures de Mahomet ». Bref, notre conception de la morale – du permis et de l'interdit – serait incompatible avec la leur.

D'autre part, la mondialisation, concept qui en moins d'une décennie a profondément modifié la donne économique, a permis l'émergence subite de fortunes colossales. S'est-on vraiment interrogé sur ce qu'ont de profondément provocant la richesse et le luxe insolent de quelques-uns, paradant au beau milieu de foules frustrées, misérables, sans toit, parfois affamées ? Non seulement, bien entendu, en terre d'Islam, mais aussi ailleurs : en Russie, par exemple, où la libéralisation de l'économie s'est sans doute produite trop vite, sans un minimum de garde-fous. Ainsi, partout dans le monde, la fourchette des revenus ne cesse de s'élargir tout comme s'élargit le fossé entre pays riches et pays les plus pauvres, ceux d'Afrique notamment. Le temps n'est plus où un Rockefeller considérait que la différence de revenus entre le plus humble salarié et le patron de ce qu'on appellerait aujourd'hui une multinationale ne devait pas dépasser un rapport de un à quarante, quand nous avons depuis longtemps dépassé le ratio de un à quatre cents ! L'incapacité du libéralisme à se réguler, à se fixer des limites, à réduire cette fameuse fourchette des revenus met en péril les grands équilibres sociaux et ajoute à la menace écologique et à la menace géopolitique une véritable menace sociétale.

Les mises en garde se multiplient à l'égard

de cette évolution récente du capitalisme, où la spéculation financière fait rage, où des fonds d'investissement et de pensions généralement américains s'abattent sur certaines entreprises, y remplaçant le capitalisme entrepreneurial par un capitalisme financier anonyme, effaçant tous les repères qui offraient aux salariés le minimum de sécurité dont ils ont besoin. D'où ce fameux état de stress, en particulier de stress au travail, quand l'entreprise n'est plus qu'une source de profit pour des anonymes, sa gestion dénuée de toute lisibilité et de sens pour son personnel. C'est ainsi que, pour reprendre le titre d'un ouvrage récent d'Hervé Kempf, « les riches détruisent la planète[1] ». Pour reprendre dans la foulée celui de Patrick Viveret, il est donc nécessaire de « reconsidérer la richesse[2] ». Mais aussi le consumérisme qui nous submerge et le matérialisme qui le sous-tend.

À cette triple menace, écologique, géopolitique et sociétale, s'en ajoute une quatrième sans doute moins perceptible, mais non moins délétère : la menace technologique.

1. Hervé Kempf, *Comment les riches détruisent la planète*, Le Seuil, 2007.

2. Patrick Viveret, *Reconsidérer la richesse*, L'Aube, 2005.

Biotechnologies, technologies de l'information et de la communication et déjà nanotechnologies sont désormais les trois forces de frappe des technosciences dont on voit à quel point elles dopent l'économie. L'idéologie du progrès – qui a sans doute du plomb dans l'aile, si l'on considère que la plupart des parents craignent que leurs enfants connaissent une vie moins heureuse que la leur – se perpétue néanmoins avec vigueur à travers l'évolution vertigineusement rapide de ces technologies ; encore que leur image soit fort différemment perçue selon qu'il s'agit par exemple des biotechnologies ou des technologies de l'information.

Malgré un battage médiatique sans précédent il y a quelques années encore, les biotechnologies sont considérées aujourd'hui par le public avec beaucoup de circonspection. La controverse sur les OGM, la crainte du clonage, les déceptions en matière de thérapies géniques, la menace eugénique, pour ne prendre que ces quelques exemples, plombe l'image de ces technologies du vivant. Le bon sens et la morale commune s'offusquent de l'approche quasi prométhéenne de quelques nouveaux apprentis sorciers qui, à l'instar de Faust ou du Dr Frankenstein, nous concoctent dans le silence des laboratoires d'étranges chimères.

Dans un ouvrage récent, *Après nous le déluge*[1], nous évoquions avec Gilles-Éric Séralini les redoutables dangers que ces « conquêtes » audacieuses de la biologie font peser sur l'avenir de notre propre espèce. Si donc les biotechnologies sont sous haute surveillance, bridées par ces comités d'éthique qui prolifèrent et tentent de fixer des limites à ne pas franchir, les technologies de l'information, au contraire, connaissent un engouement sans précédent et bénéficient de la faveur jamais démentie du public. En dix ans, les portables, ordinateurs ou téléphones ont acquis droit de cité et deviennent les robots indispensables de tout un chacun. Il n'est que de voir la dépendance quasi addictive de la jeunesse à ces innombrables engins et gadgets qui inondent le marché. Les adolescents vivent aujourd'hui intégralement immergés dans ce nouveau monde de la musique, de la communication et de l'écran, « hermétiquement musicalisés et technologisés ». La nature, dans laquelle nous étions nous-mêmes immergés à leur âge, est immensément loin, sinon de leurs préoccupations, du moins de leurs pratiques. Ici se manifeste la rupture consommée en quelques décennies entre l'homme et la nature, rupture

1. Jean-Marie Pelt et Gilles-Éric Séralini, *Après nous le déluge*, Flammarion/Fayard, 2006.

que tentent d'atténuer d'innombrables associations et initiatives visant à combler un fossé devenu abyssal. Mais que représente pour un ado un bluet ou un coquelicot, comparés à son MP3 ou à ses textos ? Pourtant, les technologies de l'information commencent à montrer leurs limites : addictions, surinformation, stress, impacts négatifs sur la santé... Il serait urgent de s'interroger sur l'art d'en faire meilleur usage.

Oui, le monde change vite, très vite, trop vite, dopé par l'idéologie du progrès. Mais qui sait où il va ?

* *
*

Nous voici donc amenés à conjurer quatre menaces majeures, ce qui suppose un important travail de reconstruction à une époque qui est plutôt à la « déconstruction ». Certes, nous avons beaucoup déconstruit, beaucoup détruit, et ce que nous avons construit, le consumérisme sans limite, individualiste et égoïste, prédateur de la terre et des hommes, nous conduirait sans doute à une perte collective si nous ne décidions de donner un fort coup de gouvernail pour modifier la trajectoire de ce grand paquebot qui, de plus en plus vite, ne nous mène nulle part.

C'est l'occasion ou jamais d'un retour aux sources qui suppose une double attitude :

D'abord, retrouver notre place dans la nature, contracter une nouvelle alliance avec elle, reconstruire en son sein – car nous en faisons partie par notre corps d'abord – un équilibre non pas entre nous et elle, comme si nous lui étions étrangers, mais entre nous tous, les vivants, qui en sommes, et nous, en particulier, les humains, qui en émergeons par la conscience et donc la responsabilité.

Ensuite, nous interroger sur ce que nous voulons que devienne l'homme du futur. Car il tient désormais entre ses mains le sort de sa propre destinée individuelle et collective, comme celui de la planète. L'évolution du vivant, déjà longue de près de quatre milliards d'années, pourrait ainsi dessiner ou plutôt englober l'éclosion d'une société conviviale, altruiste, solidaire, sur une planète amoureusement jardinée.

Et si une telle émergence était la flèche de l'évolution ? Une société où un nouvel humanisme, étranger à la domination de l'argent, choisirait aussi l'indispensable sobriété pour privilégier les valeurs de l'esprit ?

Écologie et spiritualité deviendraient ainsi les deux piliers de la sagesse, mais aussi les deux piliers du futur. Une tâche urgente que résumait René Dubos dans le titre de son maître livre, *Choisir d'être humain*[1]. Un projet que caressait aussi Théodore Monod, lequel me dit un jour qu'il était désormais urgent que les hommes « décident *enfin* de s'aimer pour de bon ».

Oui, pour de bon.

---

1. René Dubos, *Choisir d'être humain*, Denoël, 1974.

PREMIÈRE PARTIE

À travers
les grandes spiritualités du monde

1

À l'écoute des arbres et des Indiens

La Renaissance vit émerger l'humanisme, manière d'appréhender l'homme et le monde qui s'affirma avec les Lumières et qui exprime toujours nos valeurs contemporaines. Mais ce fut aussi l'ère des grandes découvertes, avec notamment la conquête des Amériques. Tandis que l'Europe s'adonnait aux lettres et aux arts, ses fils y humiliaient et brutalisaient les Indiens. Rares furent alors ceux qui osèrent dénoncer ce colonialisme musclé, à l'instar de Bartolomé de Las Casas, dominicain, évêque du Chiapas, au Mexique, qui défendit avec vigueur les peuples indigènes contre la brutale oppression des conquistadores espagnols. Il est vrai qu'il fallut attendre la fameuse controverse de Valladolid pour finir par décider que les Indiens aussi avaient une âme ! Le mythe du « bon sauvage » cher à Rousseau ne vint que plus tard.

Au cours de leur tour du monde qui les amena en 1768 à Tahiti, les Français Bougainville et Commerson s'émerveillèrent des mœurs pacifiques des autochtones, amicaux, facétieux et chapardeurs. Ils se firent accompagner à leur retour par un indigène, Aoutourou, qu'on exhiba à Paris de salon en salon comme l'archétype du bon sauvage. Puis vint avec le XIXe siècle la haute époque de la colonisation. Rien ni personne, désormais, ne devait résister à l'arrogance conquérante de l'homme blanc ; c'en était fini du bon sauvage ! Son célèbre tour du monde sur le *Beagle* amène Charles Darwin à contourner la Terre de Feu où il découvre un naturel nu, sa longue chevelure flottant au vent, son visage orné de peintures multicolores. « Il se tenait au sommet d'un rocher, il gesticulait, il poussait des cris gutturaux en comparaison desquels ceux des animaux domestiques sont de loin plus compréhensibles. » Et Darwin d'ajouter : « Jamais je n'aurais pensé que la différence entre un homme sauvage et un homme civilisé puisse être aussi grande. » Quel contraste, certes, entre ce très civilisé sujet de Sa Gracieuse Majesté la reine Victoria et ces « hommes premiers » pour lesquels, semble-t-il, le savant n'eut guère de considération !

Lorsque l'Amérique débarqua en Europe pour mettre un terme à la Seconde Guerre mondiale, elle amena dans ses bagages le chewing-gum... et les Indiens ! Sans l'ombre d'une mauvaise conscience apparurent alors sur les écrans de cinéma – et bientôt de télévision – les westerns. Les Indiens d'Amérique du Nord connurent dès lors une vogue sans précédent. On les voyait tantôt autour d'un feu de camp, tantôt chassant les bisons, mais plus souvent poursuivant sur leurs montures nerveuses, l'arc tendu vers l'ennemi héréditaire, le cow-boy. On parlait d'ailleurs de « films de cow-boys ». La mode des westerns nous valut quelques chefs-d'œuvre : *Le train sifflera trois fois* ; *Il était une fois dans l'Ouest...* Elle dura environ trois décennies, puis s'évanouit subitement au profit des séries américaines qui, depuis, tiennent le haut du pavé dans les programmes télévisés.

Ainsi, de siècle en siècle, l'image des « primitifs » a accompagné l'Occident sans que celui-ci se pose la moindre question quant à ce qu'il pourrait en apprendre. Pourtant, au cours des toutes dernières décennies, alors même que les sociétés occidentales s'interrogent sur leurs propres valeurs, leur intérêt et leur curiosité se portent sur ces peuples premiers auxquels le Paris de Jacques Chirac vient de consacrer un musée, quai Branly.

C'est peu dire qu'aujourd'hui les regards ont changé. Le travail des ethnologues, brusquement mis en lumière par des œuvres majeures telles que *La Pensée sauvage* de Claude Lévi-Strauss, a attiré l'attention de nos contemporains sur ces hommes qu'ils avaient tant méprisés et humiliés. Et, par un jeu de miroirs, après les avoir beaucoup observés, on finit aujourd'hui par s'interroger sur la manière dont eux nous voient.

Écoutons à ce propos Aigle bleu [1], un Indien de la nation Cherokee, natif de l'Ouest canadien. Aigle bleu vient souvent en Europe parler de son peuple et enseigner ses adeptes. Il conte une prophétie selon laquelle un jour viendra où les Indiens apporteront à leur tour à l'Europe des valeurs et des principes civilisateurs. Elle aurait été formulée longtemps avant l'arrivée des Européens sur le continent américain, au cours d'une rencontre des nations indiennes dans le nord du Mexique. Hommes-médecines, chamanes et sages des différentes nations élaborèrent, à partir des songes et des visions qu'ils avaient eus, cette belle histoire que nous conte Aigle bleu.

---

1. Propos rapportés dans « L'Homme entre terre et ciel », in *Nature, écologie et spiritualité*, coll. dirigée par Alain Chevillat, éd. Jouvence, 2007.

Dès ces temps reculés, la prophétie annonça l'arrivée sur le continent d'hommes couverts de poils qui voyageraient, juchés sur une coque de noix poussée par une aile d'oiseau. On ne savait pas si, à leur arrivée, ils entendraient la voix des nations premières ou si, au contraire, ils la mépriseraient, détruisant alors les peuples indigènes. Ce fut malheureusement cette seconde hypothèse qui se vérifia. Mais, toujours selon la prophétie, un jour viendrait où les filles et les fils de cet homme étrange venu d'ailleurs se mettraient à s'habiller comme des Indiens et à parler aux abeilles et aux fleurs. Alors les Indiens pourraient à nouveau faire connaître leurs coutumes et leurs enseignements. Jusque-là, ces derniers auraient été conservés secrets dans une famille judicieusement choisie au sein de chaque nation. Puis on verrait l'Aigle marcher sur la Lune et ce serait le signe, pour les Indiens, qu'ils pourraient sillonner la planète pour apporter leurs enseignements spirituels afin de diminuer l'impact désastreux des manières de faire de l'homme blanc, si destructrices pour notre habitat commun, la Terre.

Or, toujours selon Aigle bleu, cette prophétie s'est étrangement réalisée. Dès 1967, le mouvement hippie partit de Californie. Les jeunes s'habillèrent alors comme des Indiens, avec des vêtements frangés. Intéressés par leur sagesse et leurs enseignements, ils se rapprochèrent d'eux et recueillirent leurs paroles. Deux ans plus tard, en 1969, l'homme blanc débarquait sur la Lune à bord d'un vaisseau spatial baptisé *Eagle one*. Conformément à la prophétie, l'aigle marcha sur la Lune. Dès lors, la transfiguration planétaire allait s'amorcer, et les nations indiennes y contribuer. Ce fut un grand tournant. Mus par une quête spirituelle nouvelle, toujours plus nombreux furent celles et ceux qui cherchèrent dès lors leur inspiration dans les valeurs portées par les peuples racines. Les voici d'ailleurs parmi nous. Il est désormais habituel, dans les colloques, d'inviter un chamane, ou d'écouter un Indien du Brésil venu défendre la forêt amazonienne. Son message est recueilli, sa parole entendue. Commencerait ainsi une sorte d'éducation à rebours et, cependant que les enfants éduquent désormais leurs parents aux valeurs de l'écologie, les Indiens, ces vieux enfants du monde, apportent des éléments de réponse à la crise écologique qui menace. Car les Indiens se perçoivent comme les gardiens du monde et ont à ce titre un message fort à nous transmettre.

Éric Julien, ami et défenseur des Indiens Kogis de Colombie, met dans la bouche d'un Mamu (sage) Kogi des propos qui en disent long à ce sujet : « Nos coutumes et nos croyances sont comme une lumière qui éclaire le monde. Si cette lumière venait à s'éteindre, le monde basculerait dans l'obscurité et la mort. Les civilisés ne le savent pas, mais si nous n'étions pas là, le monde aurait déjà disparu[1]. »

Mais peut-on parler des Indiens comme s'ils formaient une seule culture, un seul peuple ? Il n'en est rien. Les Indiens qui peuplent le nord, le centre et le sud du continent américain constituent un extraordinaire kaléidoscope de cultures. Tout au plus peut-on évoquer ce qu'ils ont en commun.

D'abord, ils subissent depuis la conquête l'insupportable pression qu'exercent sur eux les peuples venus d'Europe. L'esprit de domination des Européens remonte au tout début de leur arrivée aux Amériques. Christophe Colomb débarqua aux Bahamas le 12 octobre 1492 et fut accueilli par les Indiens Arawaks. Il écrivit alors au souverain espagnol : « Si Vos Altesses le demandent, tous les habitants pourraient être éliminés ou tenus en esclavage, car avec cinquante hommes nous pourrions les maîtriser tous et leur faire faire tout ce que

1. Éric Julien, *Les Indiens Kogis. La Mémoire des possibles*, Actes Sud, 2007.

nous voulons [1]. » Incroyable arrogance, monstrueuse prétention ! Mais c'était un autre temps. C'est ainsi que commença l'extermination des peuples indigènes d'Amérique.

Un deuxième trait est commun à toutes les populations indiennes : leur rapport fusionnel avec la nature. Les Indiens ignorent les catégories mentales, sans doute héritées des Grecs, qui nous conduisent à discriminer nature et culture, corps et esprit, réel et imaginaire... On trouve chez toutes les nations indiennes une nature enchantée par une multitude de forces spirituelles que chaque nation a apprivoisées à sa manière, reconnaissant cependant toujours la primauté du Grand Esprit à l'origine de toute chose.

Comment, dès lors, expliquer les différences culturelles qu'observent depuis plus d'un siècle les ethnologues partis vivre au contact des Indiens ? Ils témoignent d'une extraordinaire « ethnodiversité » qui fait pendant à la biodiversité de la nature. Tandis que l'évolution biologique produisait, au cours des millions d'années, une incroyable multitude d'espèces vivantes, l'évolution culturelle a engendré – les mêmes mécanismes produisant

1. *Indiens des Amériques*, numéro spécial des nouvelles de *Survival*, 1992.

sans doute les mêmes effets : des mutations culturelles sélectionnées et conservées lorsqu'elles étaient favorables – une forte radiation évolutive[1] sur ces hommes qui, venant de Sibérie, avaient traversé le détroit de Béring lors de la dernière période glaciaire. En quelques dizaines de milliers d'années, ils se répandirent sur la totalité du continent, formant des groupes séparés, isolés. Chacun évolua, à l'instar des espèces biologiques, selon sa dynamique propre, élaborant, sans beaucoup de contacts avec les autres, sa propre culture. Ces cultures se perpétuèrent par le double effet de l'isolement et du mimétisme : au sein de chaque groupe, des comportements mimétiques garantis par les Anciens, dépositaires des traditions ancestrales, généraient une cohérence interne, chaque individu adhérant aux représentations culturelles communes à tous les membres du groupe et adoptant les mêmes comportements.

Au fur et à mesure des migrations et des essaimages, d'autres groupes se constituèrent, et les mêmes processus se produisirent, formant et séparant de nouvelles communautés.

1. Le phénomène de radiation évolutive exprime la propriété de l'évolution de faire naître à partir d'une même souche de nombreuses espèces différentes.

On en compte aujourd'hui pas moins de six mille dispersées à travers soixante-dix pays.

Ces communautés illustrent le concept d'endémisme liant étroitement chacune à un territoire, au même titre que bon nombre d'animaux et de plantes sont caractéristiques de certains écosystèmes isolés, montagnards ou insulaires, et ne vivent que dans ces milieux-là, nulle part ailleurs.

Un Indien, en effet, n'existe et ne se comprend qu'à travers son territoire, sans lequel il ne peut exister. Éric Julien insiste sur ce trait : « À la question : qui es-tu ?, un Kogi répondra le plus souvent : Nous sommes Indiens Kogis, habitants de la Sierra Nevada de Santa Marta, en Colombie [...] » Ce territoire est perçu comme un corps vivant : les rivières symbolisent le sang ; le vent, le souffle et le système ventilatoire ; les arbres, le système pileux ; les rochers, les os. Chacune de ces composantes est nécessaire à l'équilibre du tout. « Hors de leur territoire, les Kogis deviennent des êtres flottants, sans racines, sans repères et sans identités, des êtres morts. »

Pour l'Indien, le territoire est sacré, d'où l'intolérable cruauté des déplacements forcés qu'ils durent subir du fait des colons et qui explique cette supplique de Cecilio Blacktooth

(« Dent noire ») adressée au début du siècle dernier au commissaire du gouvernement américain : « Vous nous demandez de dessiner une terre où nous aimerions vivre s'il nous fallait quitter celle où nous avons toujours vécu. Vous voyez ces tombes, là-bas ? Ce sont celles de nos pères et de nos ancêtres. Vous voyez la montagne du Nid d'Aigle et celle du Terrier du Lapin ? Dieu les a faites et nous a placés ici. Nous avons toujours été ici. Aucun autre endroit ne nous intéresse. [...] Nous préférons mourir ici, comme ont fait nos pères, et nous ne pouvons les abandonner. Nos enfants sont nés ici. Comment pourrions-nous partir ? Vous nous donneriez la meilleure place au monde, elle ne serait pas meilleure que celle-ci. Ici nous sommes chez nous et nous ne pourrons vivre nulle part ailleurs. [...] Si nous ne pouvons vivre ici, nous voulons aller dans les montagnes et mourir. Nous ne voulons pas vivre ailleurs[1]. » Discours relayé par le chef indien Geronimo dans son autobiographie : « Pour chaque tribu qu'Usen [nom apache pour le Grand Esprit] a créée, il a fait aussi une terre. Lorsque Usen créa les Apaches, il créa aussi leurs terres de l'Ouest. Il leur donna

1. Teri McLuhan et Edward Curtis, *Pieds nus sur la terre sacrée*, Denoël, Paris, 1974. Les citations qui suivent sont pour la plupart empruntées à cet ouvrage.

autant de grains, de fruits et de gibier qu'ils en avaient besoin pour se nourrir, pour restaurer leur santé quand la maladie les terrassait. Il leur a appris où trouver les herbes et à les préparer pour en faire des remèdes. Il leur donna un climat agréable et tout ce dont ils avaient besoin pour se vêtir et s'abriter était à la portée de leurs mains. C'était ainsi au commencement : les Apaches et leurs terres créés les uns pour les autres par Usen lui-même. Lorsque les Apaches sont chassés de leurs terres, ils s'affaiblissent et meurent. Combien de temps faudra-t-il encore jusqu'à ce qu'on dise qu'il n'y a plus d'Apaches ? »

Dans notre civilisation en perte de repères – y compris de repères spatio-temporels –, la « mobilité » est devenue une valeur première, sans cesse prônée à l'occasion de la recherche d'un emploi, par exemple. Plus d'attachement désormais à la terre des ancêtres : sans cesse on change de job, de lieu, d'amis, de partenaires. Pourtant, les Grecs, tout comme les Indiens, considéraient le bannissement comme le châtiment suprême. Devoir quitter son pays pour n'y plus revenir était pire que la mort. Ulysse garde le vif souvenir de la terre qui l'a vu naître et aspire avec nostalgie au retour.

Pour les Indiens, le rapport à la nature est donc vécu dans le cadre d'un territoire, sorte de grand corps vivant dont l'homme n'est qu'une partie « fort momentanée dans un cycle cosmologique aux méandres infinis ». Pour Smohalla, Indien de l'Extrême-Ouest américain, la terre est une douce mère : « Mes jeunes gens ne travailleront jamais. Les gens qui travaillent ne peuvent rêver, et la sagesse nous vient des rêves. » Propos ô combien dérangeant quant on sait à quel point la valeur travail est prisée en Occident : le job ! Et Smohalla de poursuivre : « Vous me demandez de labourer la terre ? Dois-je prendre un couteau et déchirer le sein de ma mère ? Mais, quand je mourrai, qui me prendra dans son sein pour reposer ? Vous me demandez de creuser pour chercher la pierre : dois-je aller sous sa peau chercher ses os ? Mais, quand je mourrai, dans quel corps pourrai-je entrer pour renaître ? Vous me demandez de couper l'herbe, de la faner et de la revendre, et devenir riche comme les hommes blancs. Allons, comment oserais-je couper les cheveux de ma mère ? »

Propos on ne peut plus émouvants et qui évoquent *a contrario* ces énormes engins de chantier jaune vif qui blessent la terre, excavatrices qui découpent dans nos paysages les tronçons et tranchées par où passeront autoroutes et TGV. Est-il brutal, est-il insensible, cet ouvrier du BTP qui abat du haut de son engin les arbres comme des dominos ? Pourtant, retrouvant le soir son jardin, il se désole de voir ses rosiers attaqués par des pucerons. Car, chez lui comme chez nous tous, deux hommes coexistent, le tendre et la brute, l'altruiste et l'égoïste. Chez l'Indien peut-être aussi : mais il n'a ni l'environnement culturel, ni les moyens technologiques d'abattre et de casser. Alors il aborde la nature avec délicatesse, parcimonieux dans ses interventions et ses prélèvements.

Car, à l'instar des tenants de toutes les grandes spiritualités du monde, l'Indien est économe dans sa consommation de ressources naturelles. Une vieille sage Wintu du nord de la Californie s'effrayait de la manière dont les Blancs extrayaient l'or en détournant les cours d'eau et au moyen d'explosifs : « Les Blancs se moquent de la terre, du daim ou de l'ours. Lorsque nous, Indiens, chassons le gibier, nous mangeons toute la viande. Lorsque nous cherchons des racines, nous faisons de petits trous. [...] Lorsque nous brûlons l'herbe à cause des sauterelles, nous ne ruinons pas tout. Nous secouons les glands et les pommes de pin des arbres, mais nous n'utilisons que le bois mort. L'homme blanc, lui, retourne le sol, abat les arbres, détruit tout. L'arbre dit : "Arrête, je suis blessé, ne me fais pas mal !", mais il l'abat et le débite. L'esprit de la terre le hait. Il arrache les arbres et les ébranle jusqu'à leurs racines. Il scie les arbres, cela leur fait mal. Les Indiens ne font jamais de mal, alors que l'homme blanc démolit tout. Il fait exploser les rochers et les laisse épars sur le sol. La roche dit : "Arrête, tu me fais mal !", mais l'homme blanc n'y fait pas attention. Quand les Indiens utilisent les pierres, ils les prennent petites et rondes pour y faire leur feu. [...] Comment l'esprit de la terre pourrait-il aimer l'homme blanc ? [...] Partout où il la touche, il laisse une plaie. »

L'Indien use des produits de la terre au jour le jour. Quand il va à la pêche, il ne prend que les poissons qui le nourriront le jour même. Il ne fait pas de provisions, il ne remplit pas de greniers. Pour lui, à chaque jour suffit sa peine ; il se contente de son pain quotidien. Pas de stocks, pas de hangars ni de silos où accumuler, pas de police pour les surveiller, pas de commerce non plus, pas d'argent ; du troc, tout au plus. Ces sociétés indigènes n'ont rien produit de ce qui fait l'orgueil des peuples civilisés : leur puissance, leurs organisations, leurs institutions, leurs technologies, mais aussi leurs conflits à travers ces guerres qui jalonnent leur histoire. Elles vivent dans un temps rythmé par le mouvement des astres et des saisons, non par des événements historiques, car pour eux les jours s'égrènent, se suivent et se ressemblent, du moins au niveau de leur tribu, sinon toujours de leur propre aventure individuelle. C'est aux Indiens que l'on pense, sans doute, en parlant de ces « peuples heureux qui n'ont pas d'histoire ».

L'Indien ne crée pas de richesses, contrairement à nos économies modernes qui ne cessent de ressasser l'antienne libérale sans prendre en compte le coût à payer par un patrimoine naturel qui s'appauvrit au fur et à mesure que l'économie « crée des richesses ».

La nature n'est pas pour l'Indien un « cadre de vie » ; elle est la vie, *sa* vie. Derrière chaque animal, chaque plante, chaque pierre vit un esprit qui lui parle et auquel il parle. Les Lakotas, par exemple, avaient une connivence si étroite avec le monde des oiseaux et des animaux, qu'ils soient à plume ou à fourrure, que, tels des frères, ils parlaient le même langage... comme saint François d'Assise ! Les vieux Lakotas savaient que le cœur des hommes devient dur lorsqu'il s'éloigne de la nature. Ne pas la respecter, c'était pour eux ne pas respecter l'homme. Un message relayé par Henry-David Thoreau, père de l'écologie américaine. Pour lui, « aimer la nature, c'est évidemment aimer la vie ». Car le Grand Esprit parle par la terre ; elle est son messager ; elle dispense les biens qu'il a donnés en la créant, animaux, arbres et fruits. « Le Grand Esprit est un père et la terre est une mère. Notre père. Notre mère. Aussi doit-on les aborder par la prière. Des prières sont associées à chaque geste significatif d'une journée. » Lorsqu'il prélève des branches ou des racines, lorsqu'il tue un animal à la chasse, l'Indien invoque la miséricorde et le pardon de l'esprit qui les habite et du Grand Esprit qui les anime. « Au Brésil, chez les Indiens Guaranis, les esprits de la forêt protègent les animaux et punissent le chasseur qui tue pour autre chose que sa nourriture. Ils punissent aussi ceux qui abattent des arbres sans raison. Les Indiens les prient pour se faire pardonner ce mal nécessaire : le sacrifice du gibier, tout en parlant au piège qu'il dispose pour qu'il ne rate pas sa proie [1] ! »

La mort n'effraie pas les Indiens. Tandis que le corps retourne à la terre mère, l'esprit rejoint le Grand Esprit. La terre ne saurait être ni divisée, ni vendue, car l'âme des aïeux est toujours

1. Marlene Castro Ossami de Moura, « Les peuples indiens du Brésil. Leur survie dépend du respect de leur culture et de leurs territoires », colloque de Klingenthal, Alsace, 27-29 octobre 1995.

présente, tandis que leurs os reposent dans le sol sacré. La mort est pleinement assumée comme un événement ordinaire de la nature et de la vie. Les Indiens ne la craignent pas, certains de leur survie.

Lorsqu'il chasse, l'Indien ne se perçoit pas comme un tueur. L'Indien Bedagi s'exprime ainsi vers 1900 sur les rapports de la mort et de la nature : « Quand nous chassons, ce n'est pas l'arc ni la flèche qui tuent l'élan, c'est la nature qui le tue. La flèche se plante dans son flanc et, comme tout être vivant, l'élan va à notre mère la terre pour être guéri. Il veut appliquer sa blessure contre la terre et fait ainsi pénétrer la flèche plus profondément. C'est alors que je le suis. Il n'est plus en vue, mais je colle mon oreille à un arbre de la forêt et j'entends le son de chacun de ses bonds. L'élan s'arrête encore à cause de la douleur de la flèche et pose son flanc contre la terre et fait pénétrer la flèche plus profondément. Je le suis toujours, écoutant de temps à autre, l'oreille contre un arbre. Chaque fois qu'il s'arrête pour se frotter, il fait pénétrer la flèche plus profondément. Il est presque épuisé quand je viens. La flèche peut lui avoir transpercé complètement le corps... » Voilà une approche de la mort bien différente de la nôtre, mais, on l'aura compris, tout chez eux est différent.

Retour aux Indiens Kogis : ils représentent une des dernières sociétés précolombiennes à avoir su préserver sa culture, malgré les transgressions de la société occidentale qui leur vole leurs terres. Éric Julien, qui a partagé leur vie, note : « La société des Indiens Kogis a fait du "savoir vivre en harmonie" un art de vivre qui imprègne les pensées et les actes de ses membres. Il appartient à leurs sages, les Mamus, formés à travers un long et ascétique parcours initiatique, de canaliser les énergies et les échanges dans une direction créatrice et non conflictuelle. Dans ce monde si différent du nôtre, qui ne connaît ni chefs, ni rigides hiérarchies, chaque acte du quotidien est une leçon de vie. » À la fois prêtre, médecin et philosophe, « le Mamu incarne ce qu'il enseigne ». Nous dirions que c'est un maître. Les jeunes sont soumis à des épreuves ; ils apprennent à maîtriser leur corps et leurs pulsions, et à devenir ainsi maîtres d'eux-mêmes, mais dans un accord souple avec la nature, sans pression ni culpabilité. Car le Kogi ignore la séparation hermétique entre le bien et le mal. Il pense que les deux « travaillent ensemble » et s'interpénètrent comme le yin et le yang des Chinois.

Pour les Mamus, il y a toujours plusieurs manières de voir les choses, car la vie est riche d'ambivalences et d'alternatives, les humains se devant de rechercher l'équilibre entre une multitude de phénomènes de la nature et de leur propre nature. Aussi la notion de vérité est-elle difficile à saisir. Dans la mouvance perpétuelle et l'impermanence des choses, comme diraient les bouddhistes, l'Indien décèle une infinie variété de vérités. Rien n'est absolu à ses yeux. Les certitudes sont mouvantes ; mentir n'est pas vraiment répréhensible, et moins encore le pieux mensonge, « s'il peut passer pour une belle vérité ». Dès lors, comment faire émerger de ces réalités mouvantes quelques règles de conduite, quelques principes d'action ?

Cela appelle de profondes pensées, de silencieuses méditations, de longs échanges et des discours souvent elliptiques pour un Blanc épris de rationalité. Point ici de chefs qui tranchent, de « décideurs », mais la recherche de consensus à travers d'interminables palabres sous le regard patient et vigilant du Mamu.

Pour un Indien, point d'autre école que celle de la nature et de la vie. Voici comment Tatanga Mani, un Indien Stoney, évoque l'éducation qu'il a reçue chez les Blancs : « Je suis allé à l'école des hommes blancs. J'ai appris à lire leurs livres de classe, les journaux et la

Bible. Mais j'ai découvert à temps que cela n'était pas suffisant. Les peuples civilisés dépendent beaucoup trop de la page imprimée. Je me tournai vers le livre du Grand Esprit qui est l'ensemble de sa création. Vous pouvez lire une grande partie de ce livre en utilisant la nature. Vous savez, si vous prenez tous vos livres et les étendez sous le soleil en laissant pendant quelque temps la pluie, la neige et les insectes accomplir leur œuvre, il n'en restera plus rien. Mais le Grand Esprit nous a fourni la possibilité, à vous et à moi, d'étudier à l'université de la nature les forêts, les rivières, les montagnes et les animaux dont nous faisons partie. » On n'est pas loin de saint Bernard de Clairvaux qui disait avoir plus appris des arbres que des livres.

Aux yeux des Kogis, comme le note encore Éric Julien, « les Blancs pensent bizarrement. Eux pensent toujours de la tête aux pieds, alors que les Blancs penseraient plutôt des pieds à la tête ». Qu'en est-il donc de cette opposition de pensée ? Un jeune Kogi s'en explique : « Si tu veux sortir d'une hutte et que je te montre où est la porte, tu vas te lever et tu vas sortir, et nous en resterons là. Si un Kogi veut sortir et que je lui montre la porte, il va commencer par s'en aller à l'opposé, faire le tour de la hutte, s'asseoir sous le toit, revenir au centre avant peut-être de se rapprocher de la porte. Pour nous, il n'est pas concevable de répondre directement à une question par une réponse. »

Ainsi donc les Kogis seraient moins prompts et « efficaces » que nous : en témoigne la différence entre leur civilisation et la nôtre. Mais le prix à payer pour justifier de notre prétendue efficacité est énorme : tout simplement la perte de la liberté. Pas la liberté inscrite au frontispice de nos édifices publics, non, la vraie, celle dont nous nous éloignons de plus en plus dans nos sociétés contraignantes, bureaucratisées, réglementées. L'Indien est libre parce qu'il est en paix avec lui-même et avec sa représentation du monde. Écoutons ce Huron qui, déjà au XVIIe siècle, s'écriait :

« Suis mon conseil et deviens Huron. Je vois clairement la profonde différence entre ta condition et la mienne. Je suis le maître de ma condition ; je suis le maître de mon corps ; j'ai l'entière disposition de moi-même, je fais ce qu'il me plaît, je suis le premier et le dernier de ma nation, je ne crains absolument aucun homme : je dépends seulement du Grand Esprit. Il n'en est pas de même pour toi. Ton corps aussi bien que ton âme sont condamnés à dépendre de ton grand capitaine. Tu n'as pas la liberté de faire ce que tu as à l'esprit. Tu as peur des voleurs, des faux témoins, des assassins, et tu dépends d'une infinité de personnes dont la place est située au-dessus de la tienne. N'est-ce pas vrai ? »

Paroles prophétiques pour nos sociétés sécuritaires, toujours plus contraignantes, qui multiplient les systèmes de surveillance et restreignent sans cesse le champ des libertés individuelles. Tandis que prolifèrent caméras, radars, véhicules banalisés, contrôles de toute sorte, notre quotidien est de plus en plus encadré par des lignes jaunes à ne franchir sous aucun prétexte. Police et justice omniprésentes y veillent sur nos actes encadrés et judiciarisés à l'extrême. Chaque jour nous sommes davantage immatriculés, fichés, encartés, sondés, jusqu'à devenir les propres esclaves de nos robots. Un mouvement qui, dans l'avenir, soyons-en sûrs, ne fera que croître et embellir, comme l'a redouté à juste titre Hervé Kempf [1].

Face à nos sociétés de plus en plus discriminantes, l'Indien, au contraire, discrimine et hiérarchise fort peu. Selon Jean-Patrick Costa [2], fin observateur et ami des Indiens d'Amazonie, aux questions du type « Quelle est la plus jolie femme de ton village ? », ou encore « Quelle est la nourriture que tu préfères ? », la plupart

1. Hervé Kempf, *op. cit.*

2. Jean-Patrick Costa, *L'Homme-Nature ou l'alliance avec l'univers*, éd. Sang de la terre, 2000.

des Indiens semblent bien embarrassés pour répondre. Beaucoup le font après un certain temps d'hésitation : « Toutes ! » Une manière d'être qui atténue la compétition entre eux. Même observation chez les Hopis d'Amérique du Nord où les matches de football se terminent immanquablement par des matches nuls, issue qui satisfait toujours le public et qui exclut les empoignades dans les stades.

Pourtant, les Indiens connaissent aussi les conflits, les guerres intertribales. Certes, leurs comportements guerriers, mis en scène dans les westerns, apparaissent comme une réponse logique à la brutalité des Blancs venus leur arracher leurs terres. En position de faiblesse et de légitime défense, ils se rebellent. Mais *quid* des affrontements entre tribus ? Il faut, pour les comprendre, revenir à la vision ethnocentrique des Indiens telle que l'analyse Jean-Patrick Costa.

En Amazonie comme ailleurs, chaque tribu ne peut faire autrement que d'être centrée sur elle-même ; il en va de sa cohésion. Si elle se mettait à aimer sa voisine, il y aurait alors entre elles des échanges intensifs de toutes sortes, suivis d'une fusion. Parce que les peuples de la nature aiment avant tout la diversité, fusions et désintégrations se sont probablement succédé au gré des générations, réinventant à chaque occasion de nouvelles manières de vivre. D'où cette fameuse « ethnodiversité », si caractéristique des peuples premiers. Face à ce dilemme consistant à aimer ou à haïr les tribus voisines tout en maintenant leur cohésion sociale, les Indiens ont inventé l'intéressant concept de « non-hommes ». N'étant pas habitués à concevoir le monde en termes d'êtres supérieurs ou inférieurs, ils se sont imaginé qu'ils étaient les seuls hommes sur Terre, certains introduisant une variante en se considérant comme les « vrais » ou même les « derniers » hommes. L'Indien évite de franchir les limites du territoire de sa tribu. S'il évite de s'aventurer au-delà, c'est parce qu'il craint les non-hommes et, à ce titre, les respecte. De son point de vue, ces créatures de forme humaine ne sont ni des surhommes, ni des sous-hommes ; ils ne sont qu'illusions, des sortes d'esprits malins qui tentent de le piéger.

Parfois, des inimitiés se développent entre tribus voisines et conduisent immanquablement à la guerre. Des hommes s'affrontent pour un territoire ou même pour une sordide affaire de vengeance. Moins que par l'esprit de conquête, les belligérants sont alors habités par le sentiment de se quereller aux fins de corriger un déséquilibre.

Mais, pour l'Indien, mourir n'est pas nécessairement un mal ; c'est aussi un recommencement. Dans les guerres tribales, ils tentent de rétablir un équilibre entre clans ou tribus, comme le note encore Jean-Patrick Costa : « Tuer, prendre la vie d'un animal ou d'un homme, s'accompagne obligatoirement de prières et de rituels de purification. Les Occidentaux, adorant les faits d'armes, retiennent volontiers que cette violence primitive serait quasi permanente ; cela est faux, car pour la plupart des peuples de la nature, une seule mort avait valeur de symbole ; elle insufflait durablement la paix. »

Éric Julien constate en effet que les Kogis recherchent la paix, abordent la vie avec une « insoutenable légèreté de l'être », manient l'humour et savent se montrer facétieux. En 1676 déjà, un chef indien Micmac, se gausse d'un groupe de Français pour la haute opinion qu'ils affichent à l'égard de leur propre civilisation : « Vous serez profondément déçus si vous pensez nous persuader que votre pays est meilleur que le nôtre. [...] Si la France est, comme vous le dites, un petit paradis terrestre, est-il sensé de le quitter ? Et pourquoi abandonner femmes, enfants, parents et amis, pourquoi risquer vos vies et vos biens chaque année, et pourquoi vous aventurer et prendre de tels risques, quelle que soit la saison, affronter les orages et les tempêtes de la mer, pour venir dans un pays étranger et barbare que vous considérez comme le plus pauvre et le plus malheureux de la terre ? D'autant que nous sommes convaincus du contraire et ne prenons pas la peine d'aller en France, parce que nous craignons à juste titre de ne trouver là-bas que peu de satisfactions, puisque nous voyons ceux qui y sont nés la quitter chaque année pour venir s'enrichir sur nos rivages. [...] C'est avec un sentiment de compassion pour vous que dans la douceur de notre repos nous admirons la peine que vous vous donnez nuit et jour à remplir vos navires. [...] Dites-moi, si vous avez un peu de bon sens, lequel des deux est le plus sage, le plus heureux : celui qui travaille sans cesse et n'obtient qu'à grand-peine juste assez pour vivre, ou celui qui se repose confortablement et trouve tout ce dont il a besoin dans les plaisirs de la chasse et de la pêche ? » Bien sûr, ces Indiens ignoraient l'adage de nos amis d'outre-Rhin pour qui le bonheur, c'est vivre « comme Dieu en France ».

C'est que les Blancs ont inventé un concept totalement étranger aux Indiens : le progrès. « Le progrès, c'est là notre chimère. Il est le rêve de notre siècle, tout comme celui de la résurrection des morts était celui du Xᵉ. » Ainsi s'exprimait Schopenhauer au XIXᵉ siècle, et Jean-Patrick Costa l'explique par une image saisissante : « Lorsqu'un Indien inventa la sarbacane, ses voisins, conscients du plaisir qu'il y avait à chasser avec ce nouvel engin, pensèrent qu'il serait utile de lier amitié avec cet inventeur génial. Sans doute lui proposèrent-ils une femme à marier ou une jarre pleine de chichas. L'histoire ne le dit pas. Quoi qu'il en soit, l'homme partagea son savoir-faire avec ses voisins et à aucun moment il ne lui vint à l'esprit l'idée saugrenue de monter une fabrique de sarbacanes pour ensuite s'acheter de la viande. Son plaisir était clairement identifié : mieux valait savoir tout faire dans la vie, continuer à se distraire à la chasse dans une forêt remplie d'esprits, et garder ses amis, plutôt que de susciter la jalousie, se faire des ennemis et dépendre de leur qualité de chasseurs. L'invention s'appliqua en douceur, de proche en proche, à la vie de tous les jours, sans qu'il y eût d'autres conséquences majeures pour la tribu en question. »

Ignorant le progrès, les Indiens ignorent aussi les brevets que nous utilisons à notre profit pour exploiter leurs plantes médicinales selon les critères économiques de l'industrie pharmaceutique moderne. Mais, en fait, nous protégeons des plantes thérapeutiques dont ils ont découvert les propriétés bien avant nous, pour les exploiter en vue de nos seuls intérêts. Les traités sur la biodiversité s'efforcent de mettre en œuvre des accords internationaux d'écodéveloppement visant à aider les pays du Sud, détenteurs de ces ressources, en leur faisant profiter d'une part des bénéfices résultant de leur exploitation par la grande industrie pharmaceutique. Mais ces stratégies ont bien de la peine à s'imposer.

Il advint pourtant que certains Blancs commirent l'impardonnable crime de vouloir travailler avec les Indiens selon leur propre modèle de société et leurs propres coutumes. Tel fut l'épisode fameux des « réductions » du Paraguay où les Indiens Guaranis, protégés par les Jésuites, refusèrent de se soumettre à la dure loi des conquistadores espagnols et de mettre leur force de travail à leur service. Les Indiens tentèrent de rester maîtres de leurs terres et de les cultiver selon leurs coutumes, sans rien devoir aux Espagnols. Les « réductions » jésuites furent durement réprimées. Cet épisode est admirablement mis en scène dans le film *Mission*, de Roland Joffé, dont la musique sublime d'Ennio Morricone s'accorde aux grondements sauvages des chutes d'Iguaçu, sans doute les plus belles du monde, à la frontière du Brésil et du Paraguay.

Hormis cet épisode exceptionnel, les Indiens furent sommés de travailler pour les Blancs ou de déguerpir. Beaucoup moururent du fait d'un génocide qui fut aussi un ethnocide, puisque leurs civilisations s'éteignirent avec eux.

Pour rendre hommage à ces peuples de haute spiritualité, voici pour finir un texte bien connu, sans doute un des plus beaux hymnes consacrés à la nature, bien avant que n'ait vu le jour le mot « écologie ». Il s'agit d'un discours prononcé en 1854 par le chef Sealth, vivant au nord-ouest des États-Unis, dans la région où se construisit la ville qui porte aujourd'hui son nom, Seattle. Ce discours répond au président des États-Unis, Franklin Pierce, qui voulait acheter les terres de la tribu des Indiens Duwamishs :

« Le Grand Chef blanc de Washington nous a fait part de son désir d'acheter notre terre. [...] Nous allons considérer votre offre, car nous savons que si nous ne vendons pas, l'homme blanc va venir avec des fusils et va prendre notre terre. Mais peut-on acheter ou vendre le ciel, la chaleur de la terre ? Étrange idée pour nous ! Si nous ne sommes pas propriétaires de l'air, ni du miroitement de l'eau, comment pouvez-vous me l'acheter ?

« Chaque parcelle de cette terre est sacrée pour mon peuple, chaque aiguille de pin luisant, chaque grève sablonneuse, chaque écharpe de brume dans le bois noir, chaque clairière, le bourdonnement des insectes, tout cela est sacré dans la mémoire et la vie de mon peuple. La sève qui coule dans les arbres porte les souvenirs de l'homme rouge.

« [...] Nous faisons partie de cette terre comme elle fait partie de nous ; les fleurs parfumées sont nos sœurs ; le cerf, le cheval, le grand aigle sont nos frères ; les crêtes de montagnes, les sucs des prairies, le corps chaud du poney et l'homme lui-même, tous appartiennent à la même famille.

« [...] Je suis un sauvage et ne connais pas d'autre façon de vivre. J'ai vu un millier de bisons pourrissant dans la prairie, abandonnés par l'homme blanc qui les avait abattus d'un train en marche. Je suis un sauvage et ne comprends pas que le cheval de fer fumant puisse être plus important que le bison, lui que nous ne tuons que pour rester en vie. Qu'est-ce que l'homme sans les bêtes ? Si toutes les bêtes disparaissaient, l'homme mourrait d'une grande solitude de l'esprit, car tout ce qui arrive aux bêtes ne tarde pas à arriver à l'homme. Toutes choses se tiennent.

« [...] Lorsque le dernier homme rouge aura disparu de cette terre et que son souvenir ne sera plus que l'ombre d'un nuage glissant sur la prairie, ses rives et ses forêts abriteront encore les esprits de mon peuple, car ils aiment cette terre comme le nouveau-né aime le battement du cœur de sa mère. Ainsi, si nous vendons notre terre, aimez-la comme nous l'avons aimée, prenez soin d'elle comme nous en avons pris soin [1]. »

Le message de Sealth aura-t-il été entendu un siècle et demi plus tard ? Encore faudrait-il que nous autres Blancs sachions écouter le message des Indiens. Tatanga Mani, Indien de l'Alberta, mort presque centenaire, déplorait que les Blancs ne sachent pas écouter :

« Saviez-vous que les arbres parlent ? Ils le font pourtant. Ils se parlent entre eux et ils vous parleront si vous écoutez. L'ennui avec les Blancs, c'est qu'ils n'écoutent pas ; ils n'ont jamais écouté les Indiens, aussi je suppose qu'ils n'écouteront pas les autres voix de la nature. Pourtant, les arbres nous ont beaucoup appris, tantôt sur le temps, tantôt sur les animaux, tantôt sur le Grand Esprit. »

Tout cela, nous l'avons perdu, constate amè-

1. Le texte, dont ces extraits sont tirés, a été publié dans *L'Écologiste*, n° 9, fév. 2003.

rement Aigle bleu, déjà cité : « Tout ce qui a été sain, honnête, vous a été enlevé. Les peuples autochtones viennent vous rappeler à votre humanité. »

Mais, pour écouter, encore faut-il accepter de se faire petit, comme le suggérait cet Indien : « Puisse l'homme blanc rêver de devenir plus petit ! » Malheureusement, tandis que le fameux *Small is beautiful* [1], livre culte de l'écologie de la fin des années soixante-dix, passait aux oubliettes, la mondialisation impose aujourd'hui un « *Big is powerful* » aussi écrasant qu'étouffant. Il est temps de se mettre à l'écoute des arbres [2] et des Indiens. Et de relever un nouveau défi : penser comme un Occidental – comment pourrions-nous faire autrement ? –, mais sentir comme un Indien.

---

1. Ernst Schumacher, *Small is beautiful*, Le Seuil, 1978.
2. Jean-Marie Pelt, *À l'écoute des arbres*, Albin Michel, 2000.

2

Exploration au cœur de l'hindouisme

L'hindouisme déconcerte et fascine. Il se dit « sans origine et sans fin » : sans fondateur, sans prophète, la plus ancienne des grandes religions du globe. Des voyants l'auraient fondée en des temps immémoriaux. À la différence des confessions occidentales, l'hindouisme n'a pas cristallisé dans des dogmes et des croyances rigides un corps de doctrine qui s'imposerait à tout fidèle. Souple et accommodant, il associe des traditions variées, multiformes et disparates, échappant à toute logique rationnelle. Tandis que l'Occident exclut, l'Inde intègre, sans nulle autorité suprême, nul magistère. Le statut des divinités n'est jamais définitif, le cours de l'univers prend des formes différentes, de l'excellence jusqu'à la complète destruction, puis un nouveau cycle reprend. Nous sommes ici dans le temps cyclique propre à toutes les civilisations, sauf à la nôtre qui assigne au cosmos – en tout cas à la Terre – un début et une fin...

L'Hindou vit immergé dans la nature. Pourtant il s'en distingue. Elle et lui sont soumis à une loi universelle régissant le bon ordre du monde. Cette loi est garantie par une instance suprême, un principe absolu et impersonnel. La loi universelle des Hindous est le *r'ta*, plus tard exprimée aussi par le *dharma*. Elle exprime cette réalité propre à tous les grands courants de l'Antiquité, selon lesquels il existe dans la nature un ordre profond : un « chemin » à suivre, une « loi naturelle » à respecter. C'est le *logos* des Grecs, le *tao* des Chinois, mais aussi le *maât* des Égyptiens, l'« ordre juste » dans la nature et la société tel qu'il résulte de l'acte créateur originel. Très religieux, l'Hindou voit dans la nature des signes l'appelant vers cet ordre supérieur, Dieu ou l'absolu.

Dans ce cadre ici tracé à grands traits, variable de groupe à groupe, de secte à secte, se vit une relation privilégiée avec la nature. Laissons la parole à Vandana Shiva, figure emblématique de l'écologie indienne, engagée dans l'altermondialisme, la lutte contre les OGM et la défense des petits paysans : « Si vous veniez chez moi, vous verriez Ganesh et Prakriti, déesse de la nature ; vous verriez aussi le Christ et de nombreuses autres images de déesses et de dieux. Un jour, quelqu'un est venu chez moi et s'est exclamé, surpris : "Vandana, vous avez tant de dieux ! – Non, ai-je répondu, juste un : un Dieu générique, les autres n'étant que des 'remoulages'." Mais je vous avoue que j'ai une préférence pour les déesses. Dans mon bureau, il y a la déesse du fleuve Ganga. J'adore aussi la déesse de la vache, Kamadhenu. [...] Dans mon imaginaire, les forces créatrices du cosmos sont féminines. La philosophie indienne a ceci de particulier qu'elle est polymorphe : cela va d'une philosophie pour les vaches à une philosophie patriarcale dualiste. Vous avez le choix. Mais la philosophie avec laquelle je me sens le plus à l'aise est celle qui rapproche la puissance créatrice de l'univers de l'énergie féminine, la Shakti [1]. »

De fait, les Anciens adoraient la vache, la comptant parmi « les cinq mères » que sont : la maman, la vache, la patrie, la terre et les Vedas [2]. Dans les plus anciens textes sacrés de

---

1. Vandana Shiva, « Nous éveiller aux lois de la Création », *Terre du Ciel*, n° 78, 2007.

2. Les Vedas sont des poèmes composés en Inde du Nord, sans doute vers 1000 avant J.-C., par des familles sacerdotales indo-européennes. L'origine du yoga

l'Inde, la vache, figure familière des villes et villages, est un animal sacré, vénéré comme une des formes maternelles de la déesse. Elle symbolise le respect de l'homme pour la nature.

Dès 1921, Gandhi écrivait à son propos ce texte surprenant pour un Occidental : « La protection de la vache est pour moi un des phénomènes les plus merveilleux de l'évolution humaine. Elle emporte l'homme au-delà des limites de l'humanité. La vache représente pour moi tout le monde subhumain. [...] Par la vache, l'homme est amené à réaliser son identité avec tout ce qui vit. Dans l'Inde, la vache est le meilleur compagnon de l'homme. C'est elle qui lui donne l'abondance. Non seulement elle lui donne du lait, mais elle rend possible l'agriculture. La vache est un poème sur la pitié. Tout, chez ce doux animal, exprime la pitié. Pour des millions d'êtres humains dans l'Inde, elle est la mère. Protéger la vache signifie protéger tous les êtres muets que Dieu a créés. L'ancien prophète (je ne sais qui c'était) a commencé par la vache et le respect pour les ordres inférieurs de la création, respect qui est

---

dans sa double signification religieuse et corporelle serait encore plus ancienne.

le don de l'hindouisme à l'humanité[1]. » Au demeurant, quel animal offre une image plus douce et plus pacifique que la vache, émouvant symbole de non-violence si cher à l'Inde éternelle ? « Dans un monde où la partie est dans le tout et le tout dans la partie, où il est dit que l'absolu sommeille dans la pierre, respire dans la plante, s'anime dans l'animal et s'éveille en l'homme, l'amour pour les vaches éclaire la quête d'un accord sans cesse renouvelé avec le monde. » Mais, défiant les lois de la nature, nous en avons fait des vaches « folles » en les rendant carnivores ! Car, selon les Vedas, les textes sacrés de l'Inde, lorsque l'ordre cosmique est transgressé, *r'ta*, éminemment bienveillante, devient « sévère et féroce ».

Quelques voix en Occident s'élevèrent dès l'Antiquité contre l'abattage des animaux pour leur viande. Plutarque s'en offusquait : « Comment, disait-il, se nourrir de membres d'animaux qui peu auparavant bêlaient, mugissaient, marchaient et voyaient ? » Descartes, on le verra, n'eut point de telles préoccupations.

1. Cité par Alain Grossey, « Éloge de la vache », *Dharma*, n° 33, 1999.

L'Hindou reconnaît un rôle purificateur à l'arbre, très présent dans sa symbolique. En témoigne cette tradition : lorsqu'un jeune homme s'éprend d'une jeune fille, il importe de savoir si elle apportera joie ou douleur dans la maison du fiancé qui l'accueille. Mais si mal il y a, ce mal est réparable. Les prêtres déterminent par des gestes rituels si la jeune fille est *manglik* ; si tel est le cas, elle est censée porter malheur. Toutefois, elle ne sera pas rejetée pour autant. Simplement, elle devra trouver un autre époux sur lequel transférer sa mauvaise fortune, après quoi elle pourra définitivement épouser son fiancé.

Mais quel époux intermédiaire accepterait pareil sacrifice ? Cet époux, ce sera donc un arbre que la jeune fille *manglik* entourera de guirlandes au cours d'une cérémonie simulant en tout point un mariage entre un homme et une femme. Si le fiancé est *manglik*, c'est lui, évidemment, qui prendra un arbre pour épouse intermédiaire. Après ce rituel de purification, et grâce à l'arbre, le mariage sera conclu.

La croyance dans le rôle purificateur de l'arbre remonte aux temps les plus reculés. Si l'arbre éloigne de la mariée le mauvais sort, il revêt une importance plus grande encore pour les artistes. Selon les *Purana*, textes très anciens consignant les légendes symboliques de l'Inde, « les dieux étaient devenus querelleurs, et Vac, la Parole sacrée, avait cherché refuge dans l'eau. Les dieux la réclamèrent et les eaux la leur restituèrent. Alors la Parole sacrée, fuyant les eaux, chercha refuge dans la forêt. À nouveau les dieux la réclamèrent, mais les arbres refusèrent de la leur rendre. Au lieu de cela, ils en firent don à l'humanité sous la forme d'instruments taillés dans le bois et qui chantent : le tambour, le luth, la flûte, le calame [1]... », c'est-à-dire les instruments de musique et la plume de l'écrivain.

Partout dans l'Inde ancienne, la forêt était présente, avec sa grande faune sauvage aujourd'hui décimée. Dans cette Inde luxuriante, c'est dans les forêts que méditaient les sages et que s'élaboraient les vastes corpus du savoir. C'est d'ailleurs aussi sous des arbres que les fondateurs de deux grandes religions de l'Inde, le Bouddha et le Mahâvîra, père du jaïnisme, ont connu l'Illumination, loin des arides chemins de Damas. Selon le grand poète Tagore, prix Nobel de littérature : « La civilisation indienne a ce caractère distinctif qu'elle situe sa source de régénération matérielle et intellec-

---

1. Gita Mehta, « La forêt, creuset d'une civilisation », *Résurgence*, n° 168, 1995.

tuelle non dans la ville, mais dans la forêt. C'est dans la communion des humains et des arbres que sont nées ses meilleures idées. Les penseurs vivaient environnés de la vie de la forêt et c'est la relation intime entre la vie humaine et la nature vivante qui a été la source de leurs savoirs[1]. »

Aussi plante-t-on à la naissance de chaque enfant un arbre à lui dédié, avec lequel il entretiendra une relation forte et affectueuse. Plus tard, il en sera le gardien. Il deviendra aussi, toujours selon Tagore, cette flûte de roseau taillée par Dieu et emplie par Lui de sa musique.

Comment, dès lors, comprendre que les Indiens aient pu laisser couper la moitié des arbres de leur pays et, pis encore, au cours des dernières trente années, la moitié des arbres restants ? Il est vrai que, d'après les Écritures hindoues, nous vivons l'époque du Kaliyuga, l'âge du Mal. Ce qui caractérise cette époque, c'est la vitesse. Rudyard Kipling serait bien embarrassé d'écrire aujourd'hui *Le Livre de la jungle*, car il n'y a plus de jungle en Inde depuis la « révolution verte », dont on commence à peine à mesurer les effets pervers,

1. Gita Mehta, *ibid.*

et la surindustrialisation, conséquence de la mondialisation.

Après les vaches, les arbres et les forêts, l'eau est aussi très présente dans l'hindouisme. Chaque cours d'eau symbolise le *ganga mata,* « notre mère le Gange ». S'immerger dans ce fleuve sacré lave de toutes les souillures. Des foules de pèlerins y viennent se livrer aux ablutions rituelles si importantes en Inde. Et dans le plus ancien panthéon de la tradition hindoue, vieux de plus de mille ans avant J.-C. et comportant déjà trente-trois dieux, le plus vénérable de tous était Ingra, le maître de la pluie.

Comment comprendre l'engagement vigoureux de Vandana Shiva pour cette terre indienne sans se référer à ses convictions religieuses qu'elle n'hésite jamais à évoquer ? Comment accepterait-elle qu'on maltraite le Gange et son mystère en achetant des portions de son cours, ce qui prive les villageois du droit d'utiliser l'eau en face de chez eux ? Privatisation et capitalisation du Gange ont conduit cent cinquante mille villageois à quitter leur demeure, à cause d'un projet de barrage attentatoire à la dimension sacrée du fleuve. Car, pour Vandana, la nature est divinisée par la déesse. Comme dans toutes les cultures traditionnelles, elle croit à la Terre-Mère qui prend soin de ses enfants. Mais notre mère, nous la maltraitons : les profondes cicatrices qui défigurent les forêts la choquent, car « d'une terre blessée émanent autant de souffrances que d'un corps blessé ». Vandana, si différente de tant de nos écologistes, étrangers à toute spiritualité, résume d'une phrase le trésor qu'elle porte en son cœur : « La combinaison de l'amour de la beauté de la nature et de l'amour de la vie nous donne l'amour des êtres [1]. »

Dans la tradition hindoue, l'eau, l'arbre, la vache symbolisent les trois ordres de la nature : les éléments, les végétaux, les animaux. Eau et végétaux vont de pair. Le Gange, rivière céleste, risquait, par sa puissance, de ravager la terre. Shiva, la puissante divinité résidant dans l'Himalaya, lui fit barrage. Mais un tout autre type de barrage que celui dont il vient d'être question ! Elle fit croître sur les versants des montagnes les forêts qui contiennent la fureur des pluies et préservent la fertilité du sol. Or, on sait aujourd'hui les désastres causés par le déboisement du Népal : éboulements, coulées de boue, inondations. Le vieux mythe trouve donc sa parfaite justification.

1. Vandana Shiva, *op. cit.*

Dans cette Inde si féminine, une autre femme, Amma, est considérée par beaucoup comme une authentique sainte. D'emblée elle donne le ton. Nous prétendons protéger la nature, mais, dit-elle, c'est la nature qui nous protège : « Si l'équilibre de la nature est rompu, l'harmonie de la vie même sera elle aussi brisée, et réciproquement, car nous sommes, l'homme et la nature, étroitement liés. » Une intuition qu'on trouvera également formulée dans les monothéismes. Elle poursuit : « La foi en Dieu est le meilleur moyen de préserver l'innocence enfantine en l'homme. Perdre cette innocence, c'est laisser croître l'égocentrisme. L'homme spirituel voit son seigneur bien-aimé dans chaque animal, dans chacun des aspects de la nature. De ce fait, il vit en parfaite harmonie avec elle. Le fleuve sans fin d'amour qui s'écoule d'un véritable croyant vers la Création tout entière produit un effet doux et apaisant sur son environnement. Cet amour est la meilleure protection de la nature. L'homme ne devrait pas oublier les sentiments de son cœur qui lui permettent de vivre en accord avec la nature et ses lois fondamentales. »

Selon Amma, la religion aide les humains à rester conscients de leur union avec la nature. Sans elle, l'humanité perd cette conscience. Les pratiques religieuses de l'Inde ancienne visaient précisément à associer intimement les êtres humains à la nature, le microcosme et le macrocosme. Évoquant la multitude des traditions et des rites liant l'Hindou aux arbres, aux plantes, aux vaches, aux autres animaux, Amma s'interroge : « Les scientifiques qui ont redécouvert les propriétés médicinales des plantes sacrées montrent-ils le même amour et le même respect pour la nature que les Anciens qui étaient inspirés par la foi religieuse ? N'est-ce pas la foi qui nous amène à protéger la nature, plutôt que la connaissance obtenue à travers la science moderne ? »

Pour Amma, c'est une compréhension approfondie de la religion, alliée à la prise de conscience de l'unité de la Création, qui enseigne aux hommes à aimer la nature en développant « le respect et la dévotion », mais aussi la compassion pour toute la Création et ses créatures : « Si l'homme est habité par l'amour désintéressé qu'il laissera s'écouler de son cœur, alors la Création entière sera en harmonie. Aucune législation pour la protection de la nature ne sera plus nécessaire. »

La juste et profonde sensibilité d'Amma à l'égard de Dieu, des hommes et de la nature, elle les attribue à la conscience divine qu'elle perçoit en elle : « C'est cette conscience qui maintient le monde avec toutes ses créatures, et protéger la nature signifie donc vénérer le divin. La culture de notre pays considère que même un serpent est digne d'adoration. La religion enseigne à voir et respecter Dieu en chaque chose. [...] Nous ne devons pas blesser sans nécessité. Si une fleur peut rester fraîche une dizaine de jours sur pied, nous ne devons la cueillir qu'après ce laps de temps. Nous considérerions comme très dommageable pour la plante comme pour la nature de cueillir la fleur dès le premier jour, par avidité. La nature est bien ce signe qui nous est donné, permettant au soi individuel (*Jiva*) d'atteindre le royaume du soi suprême (*Paramatman*) et de se fondre en lui en union éternelle. »

Quand on demande à Amma ce qui est le plus important, elle dit qu'« un vrai scientifique devrait vraiment aimer l'humanité, aimer toute la Création, toutes les formes de vie[1]. »

Il arrive que seules la séparation ou la mort tiennent lieu d'alternatives pour comprendre qu'aimer est la plus belle chose qui puisse nous échoir dans la vie. Puisse la sensibilité d'Amma, qui résume si bien le message de toutes les grandes spiritualités, élever nos intelligences et nos cœurs vers cet idéal !

1. *L'Homme et la nature. Conversation avec Amma*, éd. Maison Amrita, Paris.

Vandana et Amma expriment l'une et l'autre, avec leur sensibilité propre, dans la fidélité à la grande religion de l'Inde, un attachement profond à la nature et à la terre. Nous les avons choisies pour guides dans notre hasardeuse exploration des multiples facettes de l'hindouisme. Toutes deux témoignent d'une sensibilité dramatiquement étrangère aux hommes d'Occident, qu'ils soient athées, mais souvent aussi religieux. Le scientisme, le réductionnisme, le rationalisme sont passés par là. Chez nous, tout est à repenser, et d'abord avec le cœur, cette féminité de l'être que nous avons perdue et que le féminisme à l'occidentale ne réhabilite nullement.

Donnons donc libre cours à cette nostalgie de spiritualité qu'éveillent leurs propos, subrepticement ressentie au détour de l'émotion qui nous saisit à les écouter. Saurons-nous les entendre ?

L'une et l'autre relaient ce célèbre verset du Veda : « La paix du ciel, la paix de la terre, la paix des eaux, la paix des plantes, la paix des arbres, la paix de l'univers, la paix de la paix, que cette paix vienne à moi ! »

Cette paix, nous vous la demandons, amis indiens, tout en sachant que la violence n'est pas non plus étrangère à votre nation. Car nous avons besoin de l'Inde dont on aimerait qu'elle ne devienne pas seulement la grande patrie de l'informatique, mais qu'elle répande sur un monde agité la forte et douce lumière de la non-violence.

3

Le bouddhisme : l'écologie avant la lettre

Le bouddhisme : philosophie ou religion ?

Certes, il ne postule pas l'existence d'un dieu créateur et protecteur. Ce ne serait donc pas à proprement parler une religion. Mais est-il nécessaire de trancher ce vieux débat ? Adoptons donc une approche orientale, puisque nous y sommes, du dilemme. Selon les vieux sages chinois adeptes du tao, il n'importe pas de trancher des oppositions qui ne sont que l'expression de la mouvance dialectique de la vie, du yin et du yang. À quoi bon, disent-ils, trancher s'il n'y a pas nécessité ? Nous ne sommes plus ici dans le monde occidental des concepts, mais dans une sorte de pragmatisme fluide de la pensée. Mieux vaut, selon eux, ne pas décider, sauf absolue nécessité, afin de ne pas opposer des positions contradictoires qui pourraient du coup engendrer des conflits entre ceux qui les professent. Laissons donc ici ouverte la vieille question concernant la nature du bouddhisme.

Ce qui est en revanche certain, c'est l'engagement de cette grande religion, la quatrième au monde par le nombre de ses adeptes[1], dans l'amour et la protection de la nature. À cet égard, l'approche du bouddhisme est absolument originale. Elle ne coïncide pas tout à fait avec celle, traditionnelle et fusionnelle, des peuples premiers pour lesquels la moindre parcelle de la terre est sacrée, puisque habitée par un esprit. Mais elle se distingue non moins radicalement de l'affirmation monothéiste d'une nature créée par Dieu et confiée à l'homme pour qu'il la cultive et l'entretienne. L'approche des peuples premiers est panthéiste, celle du monothéisme théocentrique ; le bouddhisme offre une troisième voie énonçant l'étroite interdépendance entre l'ensemble des êtres vivants, tout en reconnaissant à l'homme une responsabilité de compassion et de protection. Centrée sur ce concept d'interdépendance, le bouddhisme rejoint les intuitions les

1. On compte environ deux cent cinquante millions de bouddhistes, essentiellement présents au Laos, au Cambodge, en Thaïlande, au Sri Lanka et en Birmanie. Ils en font par le nombre, la quatrième religion après le christianisme, l'islam et l'hindouisme.

plus modernes de l'écologie qui est, rappelons-le, la science des interrelations entre les êtres formant un écosystème, fût-ce l'écosystème Terre en son entier.

Jacques Brosse, auteur d'un texte fondateur sur les relations intimes entre le bouddhisme et la nature, affirme l'étroitesse de cette interdépendance. Il cite le premier des quatre vœux que prononcent les moines zen : « Aussi nombreux que soient les êtres, je fais le vœu de les faire tous parvenir à la délivrance. » Ces êtres, ce sont bien sûr les humains, mais aussi tous les vivants sans exception, y compris le moindre brin d'herbe. « Ces vœux sont ceux du moine (*bodhisattva*), de celui qui, parvenu à l'Éveil, refuse la récompense ultime, la délivrance définitive, le nirvana, afin de se mettre encore et encore au service des autres. Il est bien précisé que le *bodhisattva* fait passer les autres avant lui. »

Tel est, dans le bouddhisme, le sens de la compassion qui suppose connaissance et identification à l'autre. Pour le bouddhiste, en effet, sagesse et compassion vont de pair. Selon un maître, « sagesse sans compassion n'engendre que l'orgueil ; mais, sans sagesse, la compassion est aveugle ». Mais cette compassion, étant étendue à l'ensemble des êtres vivants, y compris les plus humbles, suppose donc la connaissance de la nature, condition essentielle pour la respecter et l'aimer. Et Jacques Brosse de conclure : « Un vrai bouddhiste est de toute nécessité un écologiste[1]. »

Le bouddhiste campe donc sur une position forte : un respect absolu de la vie, de toute vie, et la condamnation de toute violence envers quiconque. Comme toutes les grandes spiritualités de l'Extrême-Orient, il refuse le dualisme si caractéristique des traditions spirituelles de l'Occident. Il n'y a pas, chez le bouddhiste, une dichotomie radicale, par exemple entre le bien et le mal, le licite et l'illicite, le permis et le défendu, si forte et culpabilisante dans le christianisme. Les bouddhistes rejoignent ainsi la sagesse populaire qui veut que « d'un mal peut sortir un bien », qu'il y a parfois à choisir « le moindre mal », que « le mieux est souvent l'ennemi du bien », et que « celui qui fait l'ange fait la bête ».

Nourri de cette conviction de l'étroite interdépendance entre tous les êtres, il en déduit que tous sont absolument respectables. Ainsi interdit-il les sacrifices sanglants pratiqués par les brahmanes de l'Inde ancienne où il vit le jour au VIe siècle avant notre ère, et où, curieu-

1. Jacques Brosse, in *Écologie et spiritualité*, Albin Michel, 2002.

sement, il ne parvint pas à se maintenir ; car les bouddhistes sont très minoritaires en Inde. Dans le même esprit, il interdit la chasse et la vivisection, car l'animal possède une âme, peut-être celle d'un homme réincarné poursuivant son long chemin dans le cycle des réincarnations successives, selon la loi du karma, c'est-à-dire la nature des actes posés au cours de sa vie. Ceux-ci peuvent amener l'homme à se réincarner dans une autre espèce vivante si ses actes, trop peu valeureux, ne lui ont pas permis de monter plus haut dans la hiérarchie des êtres. Seule, en effet, une vie absolument exemplaire pourra interrompre pour lui le cycle indéfini des réincarnations et l'amener à l'éveil définitif dans le nirvana, la délivrance finale.

Les bouddhistes nomment samsara le cycle des réincarnations successives, loi universelle valable pour tous les êtres vivants sans exception. L'homme seul peut s'en libérer pour atteindre à la délivrance. Celle-ci exige une attention fine et responsable à l'acte le plus banal de la vie quotidienne. Il implique de respecter et de protéger tout être, toute chose comme le bien le plus précieux. C'est dans cet esprit, par exemple, que les moines ont créé l'art floral, dans le but de prolonger la vie des fleurs offertes au Bouddha dans les temples, ou brisées par un orage. La proximité avec la nature du moine qui souvent s'établit dans des monastères en montagne ou près des rivières, lui permet de vibrer à sa musique. Les traditions bouddhiques évoquent ces moines qui ont connu l'éveil en entendant un caillou tomber, en contemplant une fleur de pêcher ou en se laissant bercer par le murmure d'un torrent. C'est au cœur de ces humbles phénomènes naturels, que l'Occidental urbain et « branché » ne perçoit plus, que le moine réalise son unité avec l'univers.

Évoquant le bouddhisme, c'est souvent au Tibet que l'on songe de prime abord, et à la longue chaîne des dalaï-lamas. Il y pénétra au XIIe siècle après J.-C. En l'année de l'eau du cheval (1642), Sa Sainteté le cinquième dalaï-lama, devenu chef spirituel du Tibet, promulgua un décret pour la protection des animaux et de l'environnement. Ses successeurs firent de même. Ainsi le treizième dalaï-lama, prédécesseur de l'actuel, stipule : « À partir du premier mois du calendrier tibétain jusqu'au trente du septième mois, personne ne blessera et encore moins ne tuera les oiseaux du ciel, les animaux des collines et des forêts, les poissons et les loutres, à l'exception des tigres, des léopards, des ours, des hyènes, des rats et des rishus. » Mais, comme pour justifier cette exception, il ajoutait que personne, noble ou humble, ne devrait faire violence ou nuire à n'importe quel animal de la terre, de l'eau ou de l'air, quelle que fût sa taille.

Ces mesures de protection ne manquèrent pas leur but. L'explorateur anglais Kingdon-Ward écrivit avant la Première Guerre mondiale : « Je n'ai jamais vu une telle variété d'oiseaux au même endroit ; un immense jardin zoologique ! » Dans les années quarante, Leonard Clarke confirmait ce propos : « Toutes les minutes, nous remarquions un ours, un loup, des troupeaux de muscs, des ânes sauvages, des gazelles, des moutons à longues cornes ou des renards ; ce doit être l'un des derniers paradis du gibier[1]. » Que feront les Chinois, désormais maîtres des lieux, de ce paradis ? On se souvient que la Chine de Mao « éradiqua » les oiseaux sous prétexte qu'ils picoraient les graines dans les champs...

Mais la communion avec la nature s'accompagne de la compassion envers les humains. Hugli Richardson, ayant vécu à Lhassa dans les années quarante, disait n'avoir jamais vu « une aussi faible présence de haine, d'envie, de méchanceté et de manque de charité[2] ». Très tôt, les enfants apprennent que toute vie

1. *Tibet, environnement développement*, Prajna, Institut Karma, Ling, Savoie, 1992.
2. *Ibid.*

est sacrée. Trouver un ver de terre sur le fer d'une bêche arrête le travail du jardinier qui prend soin de remettre la créature en lieu sûr dans le sol. Recevant le prix Nobel de la paix le 11 décembre 1989 à Oslo, Sa Sainteté le quatorzième dalaï-lama, en exil en Inde, déclarait : « Mon rêve est que le plateau tibétain entier devienne un lieu de refuge libre où l'humanité et la nature pourraient vivre en paix dans un équilibre harmonieux ; ce serait un endroit où les gens du monde entier pourraient venir chercher le vrai sens de la paix en eux-mêmes, loin de la tension et de la pression du reste du monde. Le Tibet pourrait en fait devenir un centre créatif pour la promotion et le développement de la paix. » Mais alors même que la Palestine, où vécut Jésus de Nazareth, est au cœur des pires affrontements, le Tibet vit désormais sous la botte coloniale de la Chine populaire. Les vœux et les espoirs du dalaï-lama verront-ils le jour ? Rien aujourd'hui ne le laisse présager.

Mais d'autres pistes se dessinent. Le bouddhisme suscite aujourd'hui en Occident un vif intérêt qui n'est pas étranger au rayonnement de la personnalité du dalaï-lama. Plusieurs centres bouddhistes ont vu le jour en France au cours des dernières décennies. Un centre important a été fondé il y a vingt-cinq ans dans le Périgord noir. En 2002, ce centre a commencé à construire un institut qui possède une bibliothèque de référence sur le bouddhisme, regroupant les textes sacrés d'une des grandes traditions bouddhistes-tibétaines, la lignée Kagyu Ling. Ce centre s'inspire des normes du développement durable, à la fois dans le choix des matériaux utilisés, dans l'usage de l'énergie solaire, dans la limitation des rejets d'eaux pluviales, ainsi que dans le recyclage de ces eaux pour les jardins. L'architecture de cette institution, harmonieuse, légère, orientale, est des plus élégantes, et bon nombre de nos modernes architectes feraient bien de s'en inspirer. Elle honore la présence de l'Asie bouddhique sur notre territoire. On y pratique évidemment la méditation, terme souvent mal compris dans les pratiques spirituelles.

La méditation, comme le veut l'étymologie du mot, est le mouvement de l'esprit vers le centre de l'être et l'accès au silence intérieur. Rien à voir avec la poursuite par le mental de longues spéculations ou de profondes réflexions sur tel ou tel sujet, tel ou tel projet. Jacques Brosse signale qu'il aime à méditer sur la fumée de l'encens, indissociable des temples bouddhiques. L'encens monte vers le ciel en volutes et embaume ; sa douce fumée symbolise une montée de l'esprit hors de la matière. Dans les temples, de grandes statues dorées du

Bouddha inspirent confiance et sérénité ; des brassées de fleurs jaunes, rouges ou orangées, souvent des gerberas, lui sont offertes, tout comme les traditionnels bâtonnets d'encens. Allez méditer au temple du Bouddha d'émeraude à Bangkok : vous irez à la rencontre du sacré tel qu'il est vécu et ressenti dans les lieux saints de toutes les grandes religions du monde.

On dit souvent en Occident que le bouddhisme atténuerait les conflits, les tensions, l'agressivité dans les pays qui l'ont adopté. On a même pu avancer que les pays bouddhistes ne font jamais la guerre. Peut-être y a-t-il une part de vrai dans cette assertion. Souvenons-nous pourtant du sanglant épisode de la dictature de Pol Pot qui se solda par la mort de quelque deux millions de Cambodgiens ; et de la cruelle dictature qui sévit en Birmanie. Car, hélas, le mal est partout ; aucune parcelle du monde n'en est épargnée, aucune religion n'a pu à ce jour le bouter hors du monde et de nous. Encore heureux quand elles ne le génèrent pas, arc-boutées sur leur propre fanatisme ! N'est-ce pas là, pourtant, une des grandes ambitions que devraient se donner, à l'aube du troisième millénaire, toutes les grandes traditions spirituelles de l'humanité : se réunir pour faire face à la montée des violences, en se fixant cet objectif ambitieux qui seul pourrait nous sauver de nous-mêmes et, dans la foulée, sauver aussi la planète qui nous porte ? C'est à nos amis bouddhistes qu'on pourrait confier la mission de montrer le chemin, parce qu'ils ont été plus loin que beaucoup d'autres dans cette voie.

Nous sommes tous un peu de sensibilité bouddhiste. Pour peu que nous aimions la nature, nous éprouvons le sentiment d'y être enracinés au cœur du vaste processus enclenché il y a trois milliards et demi d'années, lorsque parurent sur terre les premiers êtres vivants. Dans les chaudes splendeurs de l'été, mais aussi par les nuits étoilées, nous surprenons les subtiles affinités qui nous lient à telle fleur, à tel animal et, dans le ciel, à telle constellation. Alors nous ne nous sentons plus seuls, séparés. Peut-être continuons-nous à penser comme un Occidental, mais, dans le même temps, nous sentons comme un Indien ou comme un bouddhiste. La mort prend du coup des couleurs inusitées. Certes, nous partirons et nos molécules retourneront au Grand Tout. Et ce merveilleux buisson de roses que j'aime tant et dont je partage une commune appartenance à la vie, à ses mécanismes, à sa structure génétique et moléculaire, durera après moi. Il me continuera. Douce mort que celle de qui sait que la nature le reprendra en son sein et le perpétuera ! Quelle consolation pour mon frère athée ! Entrer dans le bouddhisme, en saisir la richesse, c'est découvrir une tradition spirituelle alliant étroitement l'homme et la nature.

Mais cette tradition-là nous apporte d'autres valeurs. L'idée forte du bouddhisme est de réduire la souffrance, liée à la condition humaine, en éteignant les désirs qui la suscitent par les frustrations qu'ils génèrent. Ce sont ces désirs poussés à l'extrême et jamais satisfaits, dans les modernes sociétés de consommation, qui produisent l'intense sentiment de « mal-être » de l'homme contemporain. Faire baisser la pression des désirs, c'est réussir à trouver son bonheur dans une consommation réduite, dans une authentique sobriété qui, par contrecoup, permettra d'économiser les ressources de la planète.

Autre leçon d'écologie que nous offre le bouddhisme : l'alliance avec la nature et la sobriété dans la consommation sont pour lui deux piliers de la sagesse.

4

La Chine mystérieuse et mystique

« Une voie qui peut être tracée n'est pas la Voie éternelle : le tao[1]. Un nom qui peut être prononcé n'est pas le Nom éternel.

« Sans nom, il est à l'origine du Ciel et de la Terre. Avec un nom, il est la mère des dix mille êtres[2].

« Ainsi un non-désir éternel représente son essence, et par un désir éternel il manifeste une limite.

---

1. Selon le *pinyin*, transcription officielle des caractères chinois en lettres latines, on devrait dire dao et non tao, comme on dit aujourd'hui Beijing et non plus Pékin, ou encore Mao Zedong et non plus Mao Tsé-Toung. Nous avons cependant conservé par commodité l'ancienne transcription traditionnelle.

2. Les « dix mille êtres » représentent dans le *Tao* la totalité des créatures.

« Ces deux états coexistent, inséparables et différents seulement de nom. Pensés ensemble : Mystère ! Le Mystère des mystères !

« C'est la Porte de toutes les essences. »

Ce texte ouvre les quatre-vingt-un chapitres du *Tao-te-king*[1]. Il s'exprime par des aphorismes et manifeste une des caractéristiques de la pensée chinoise ancienne : l'association des contraires. Pour un Occidental qui tente d'approcher ce mode de pensée et de le transcrire dans la langue de Descartes et de Voltaire, la tâche est aussi ardue que périlleuse.

L'Occident en effet discrimine, il oppose les contraires : le bien et le mal, le licite et l'illicite, le permis et le défendu. Sans cesse il sépare. L'Asie fait tout le contraire, pensant l'univers comme un champ de forces régulées, intriquées, imbriquées, emboîtées comme les rouages subtils d'une immense machine où tout contribue à l'équilibre du Tout. Vision sans doute plus écologique, mais difficile à saisir par la vulgate cartésienne où le Tout doit être divisé en autant de parties que possible dès lors qu'on désire l'appréhender par la voie scientifique.

---

1. Lao-tseu, *Tao-te-king*, Dervy livres, 1988.

À la lecture de ce texte d'ouverture du *Tao* attribué à un auteur peut-être mythologique, Lao-tseu, on comprend qu'il s'agit du principe régulateur de l'univers, d'où découle la perfection absolue de tout. Ce principe est l'essence de la nature dans sa totalité infinie, insaisissable.

C'est avec une extrême prudence interprétative qu'il convient d'aborder ces textes parfois si étrangers à la pensée occidentale. Et c'est cette prudence qui nous conduit à accorder ici la place centrale au texte lui-même afin d'en imprégner la pensée du lecteur, de l'imbiber de ces aphorismes mystiques et mystérieux qui ont tant marqué, au fil d'une longue histoire, la pensée de l'empire du Milieu et de ses habitants, les Célestes.

Tentons donc de pénétrer un peu plus avant ce Mystère des mystères auquel il est fait allusion. Ainsi lira-t-on : « Quelle est la nature du tao ? Il est confus, indiscernable. Oh, qu'il est confus, qu'il est indiscernable ! En lui il y a des formes indistinctes, indéterminées. En lui il y a des êtres. Quel abîme ! Quelle obscurité ! En lui il y a une essence spirituelle : son essence, absolue vérité ! En lui est son propre témoignage. [...] De lui sortent les propriétés de tout ce qui est. Comment sais-je que telle est l'origine de tout ce qui est ? Par cela.[1] »

On trouve plus loin de nouvelles « précisions » : « Il est un être indéterminé dans sa perfection qui était avant le Ciel et la Terre, impassible, immatériel ! Il subsiste, unique, immuable, omniprésent, impérissable. On peut le considérer comme étant la mère de l'univers. Ne connaissant pas son nom, je le désigne par le mot tao. [...] L'homme se règle sur la Terre, la Terre se règle sur le Ciel, le Ciel se règle sur le tao. Le tao n'a d'autres lois que lui-même[2]. »

Ce qui caractérise le tao, c'est l'équilibre par l'imbrication des fameux principes du yin et du yang. En toute chose coexistent ces principes contraires qui à la fois se complètent et se contredisent. Ainsi rejoint-on là la recherche de cette fameuse « voie du milieu », chère au bouddhisme, qui a d'abord concurrencé le taoïsme chinois avant de s'y imbriquer au début de notre ère. Du yin et du yang aucun ne peut exclure l'autre ; ils vont toujours de pair ; mais tantôt l'un, tantôt l'autre l'emporte. Le yin est féminin, il s'exprime par des symboles

1. Chapitre 21.
2. Chapitre 25.

empruntés à la nature : l'hiver, le nord, le creux des vallées, le flou des nuages, les vases profonds et bien entendu l'organe féminin que symbolise une pivoine ou un lotus d'or. Le yang est masculin ; ses symboles sont le sud, l'été, les montagnes, les animaux mâles, bélier, étalon ou coq, les dragons si chers à la Chine ; en fait, ce qui est rouge, chaud, pénétrant. Le yin est terrestre, le yang est céleste ; les deux imbriqués sont l'Univers.

Les délicates estampes chinoises représentant des paysages associent habilement le yin et le yang. On y trouve grottes et montagnes, nuages et dragons, pivoines yin et arbres dressés yang.

La complémentarité des deux pôles s'exprime parfaitement dans la sexualité. Le taoïsme ne s'en défie nullement, qui intègre au contraire dans ses pratiques, par le *coïtus interruptus*, la maîtrise des émissions spermatiques et la conservation par l'homme de sa force vitale. Dans la relation sexuelle, il importe de capter les énergies du principe opposé de son ou sa partenaire. On lit ainsi dans un célèbre ouvrage taoïste, « Huangdi coucha avec mille deux cents femmes en une nuit, et devint immortel ; les gens du commun ont une seule femme et se détruisent la vie. Savoir et ne pas savoir, comment cela ne produirait-il pas des résultats opposés [1] ? »

Quant aux positions, les taoïstes les expriment avec la délicate poésie des Célestes. On n'en compte pas moins de trente : « Le papillon en vol plané, le vol de mouettes sur la falaise, les bambous près de l'autel, le saut du tigre blanc, jours d'automne... » Une sexualité riche, prolifique, peu féconde : encore et toujours le yin et le yang.

Éloge de la nature et de la spontanéité, le tao est la voie même de la nature, le principe absolu et éternel qui l'anime. Dans les textes, la nature est omniprésente. Le langage imagé propre aux Célestes exprime la féconde passivité de cette nature qui produit spontanément les « dix mille êtres ». Aussi importe-t-il de se couler dans le flux de la vie sans s'y opposer, sans lutter : c'est le « non-agir » : « Le saint homme s'en tient à la pratique du non-agir. Il enseigne sans parler. Tous les êtres agissent, et il ne leur refuse pas son aide. Il produit sans s'approprier, travaille sans rien attendre, accomplit des œuvres méritoires sans s'y attacher, et justement parce qu'il ne s'y attache pas elles subsistent [2]. »

1. Yufang Zhiyao (trad. Maspero), in *Encyclopædia universalis*.

2. Chapitre 2.

On peut lire plus loin : « Le tao est éternellement sans agir. Cependant, tout est fait par lui. Si les rois et les princes pouvaient le suivre, les dix mille êtres se transformeraient d'eux-mêmes. [...] La simplicité sans nom les rendrait aussi sans désirs ; sans désirs ils seraient en paix et l'univers se rectifierait de lui-même [1]. »

Et, plus loin encore : « Pratiquer le non-agir, c'est œuvrer dans l'inaction, goûter ce qui est sans saveur, grandir le petit, augmenter le peu, répondre aux offenses par la vertu, élaborer le difficile dans le facile, faire de grandes choses avec ce qui est ténu. Dans l'univers, des œuvres difficiles doivent se faire par le facile. Les grandes choses doivent s'accomplir par l'imperceptible. [...] Pour le saint homme, tout est également difficile, c'est pourquoi il achève tout sans difficulté [2]. »

Plus loin, enfin : « Le saint homme n'agit pas et il n'échoue pas, il ne prend pas et ne perd rien. [...] Voilà pourquoi [il] n'a d'autre désir que d'être sans désir. Il fait son étude de ne pas étudier, il remédie aux excès des hommes en aidant les dix mille êtres à être eux-mêmes, mais sans se permettre d'agir [3]. »

Nous voici dans une apparente et totale

1. Chapitre 37.
2. Chapitre 63.
3. Chapitre 64.

contradiction avec la Chine moderne. Certes, elle a réussi à faire l'extraordinaire synthèse entre communisme et capitalisme, éclatante démonstration de l'imbrication du yin et du yang. Quant au « non-agir », à voir s'accumuler les désastres écologiques partout où elle passe, où elle exploite, où elle déboise, où elle pollue et où finalement elle s'apprête à dominer le monde, il y a là une version on ne peut plus active de la passivité, on ne peut plus agissante du « non-agir » ! Le tao invite à la contemplation de la nature. La Chine moderne l'exploite honteusement. Pourquoi a-t-elle à ce point oublié les leçons à tirer de ses sources spirituelles millénaires ? Pourquoi tourne-t-elle à ce point le dos au tao, idéal de spontanéité, de liberté individuelle, d'insouciance, de communion avec la nature ? Où sont-ils, ces saints hommes pratiquant le tao ? Qui sont-ils ?

Le *Tao* les décrit dans plusieurs de ses chapitres. Le saint homme est humble, il cherche toujours la dernière place. Il se défie des puissants et pratique la vertu. Voici son idéal : « Il y a trois choses précieuses auxquelles je suis attaché et que je tiens en haute estime : la première est la charité ; la deuxième est l'économie ; la troisième est l'humilité. [...] Grâce à la charité, on peut être audacieux ; grâce à l'économie, on peut être généreux ; grâce à l'humilité, on peut accomplir de grandes choses. Aujourd'hui, on manque de charité, et par suite de courage ; on manque d'économie, et par suite de générosité ; on refuse la dernière place et on perd ainsi la première. C'est la loi de la mort, certes ! Mais si l'on a pour arme la charité, on est sûrement victorieux. Celui qui pratique cela est invincible, le ciel le secourt et il est protégé par sa miséricorde[1]. »

On note la profonde convergence entre les fondements moraux de la Chine ancienne et ceux de l'Occident chrétien. L'Évangile se réfère comme le *Tao* au choix de la dernière place, conseillé à l'invité aux noces, dans l'attente de l'invitation du marié à monter à la première : « C'est pourquoi, se mettant à la dernière place, le saint homme se trouve à la première ; oubliant sa personne, il la conserve parce qu'il ne poursuit pas des buts égoïstes ; il réalise à la perfection ce qu'il entreprend[2]. » Rien de pire, aux yeux du saint homme, que de susciter, par la richesse et l'orgueil, la convoitise et la jalousie : « S'enorgueillir parce que l'on est comblé de richesses et d'honneurs attire sur soi l'infortune. Lorsque l'œuvre utile

1. Chapitre 67.
2. Chapitre 7.

est accomplie et que point la renommée, que la personne s'efface : c'est la voie du Ciel[1]. »

Saint Paul considérait que sa force résidait dans sa faiblesse. Pourtant, il n'avait pas lu le *Tao* où se multiplient les condamnations du recours aux armes, à la force, à la puissance, au pouvoir, à la domination. La nature elle-même dans toute sa puissance, le *Tao* la pressent modeste et humble, « ce qui fait que les fleuves et les mers peuvent être les rois des cent vallées[2], c'est qu'ils se placent bénévolement au-dessous d'elle. Voilà pourquoi ils peuvent être les rois des cent vallées. De même, si le Saint homme désire être au-dessus du peuple, il faut qu'en parlant il se place au-dessous de lui ; s'il désire le guider, il faut qu'il se mette au dernier rang. Ainsi peut-il occuper un poste élevé sans opprimer les hommes et être le premier sans que nul n'ait à en souffrir. [...] Comme le saint homme n'entre en lutte avec personne, nul dans l'empire ne peut lutter contre lui[3]. »

1. Chapitre 9.
2. Les cent vallées correspondent à la totalité de l'empire du Milieu, la Chine éternelle.
3. Chapitre 66.

Le saint homme est humble jusqu'à en être vide : « Trente rayons convergents réunis au moyeu forment une roue ; mais c'est son vide central qui permet l'utilisation du char. Les vases sont faits d'argile, mais c'est grâce à leur vide que l'on peut s'en servir. Une maison est percée de portes et de fenêtres, et c'est leur vide qui la rend habitable. Ainsi l'être produit l'utile, mais c'est le non-être qui le rend efficace [1]. »

Et le *Tao-te-king* enchaîne : « Celui qui garde le tao ne désire pas être plein, mais vide. C'est pourquoi il peut paraître méprisable et dépourvu de perfection temporelle [2]. »

Un auteur taoïste célèbre, Zhuangzi, abonde dans le même sens en évoquant l'arbre tordu dont aucun menuisier ne peut faire des planches. Il continuera donc sa vie tranquille au bord du chemin. Malheur, au contraire, à l'arbre bien droit qui sera coupé et débité puis vendu par le bûcheron ! L'inutilité est gage de sérénité. Être inutile, vide, transparent, n'avoir ni idées préconçues, ni opinions tranchées, voilà l'idéal du saint homme ayant fait en lui le vide. Il est disponible et le courant de la vie

1. Chapitre 11.
2. Chapitre 15.

l'emporte comme une feuille morte. Il peut alors « s'ébattre dans la voie », dans le tao. Telle est la réponse que fit à l'un de ses adeptes Lao-tseu, ravi en extase, lorsqu'il revint à lui : « Je m'ébattais dans l'origine des choses. »

L'état de transe est promis au saint homme qui s'abandonne au vide et au silence. Il évoque l'union mystique et relaie les pratiques du chamanisme qui précéda sans doute en Chine le taoïsme. Les Chinois sont en effet, comme tous les autres peuples, passés d'abord par l'animisme et le chamanisme. Ils redoutent les puissances maléfiques et appellent de leurs vœux l'intervention de génies bienfaisants auxquels ils font des offrandes sur des tables à encens. Tel est le rituel dans la pratique religieuse se référant au tao. Mais cette référence peut être lointaine et l'observance des rituels, comme dans toute religion, peut l'emporter sur la méditation des Livres saints. En matière religieuse, il advient que le fleuve ait oublié sa source !

À l'encontre des grands personnages de la mythologie chinoise considérés comme des héros civilisateurs ayant apporté aux hommes, à l'instar de Prométhée, les bienfaits de la civilisation, les techniques de l'agriculture, de la médecine, du travail des métaux ou de l'écriture, le tao est résolument hostile à la technique, à l'organisation sociale évoluée, au monde des villes et des urbains. Il rêve d'un âge d'or mythique où l'homme vit en osmose profonde avec la terre. Tout ce qui, grâce à la technique et par la technique, va à l'encontre de la nature, est par lui condamné.

Ainsi le texte propose-t-il le retour aux « cordelettes nouées », antérieures à l'écriture. Il conseille au peuple de comprendre la gravité de la mort et de ne point émigrer au loin. « Quand bien même les habitants d'un hameau frontalier et ceux du pays voisin pourraient se voir, entendre les chants de leurs coqs et les aboiements de leurs chiens, ils atteindraient la vieillesse puis la mort sans qu'il y ait eu de visites réciproques [1]. » Voilà la Chine enfermée dans ses murailles, seule au milieu du monde ! Étrange projet politique... Mais plus étrange encore celui-ci, conseillant au saint homme de « vider les têtes et emplir les ventres ». S'agit-il là d'une provocation, d'un conseil dispensé aux princes pour qu'ils s'assurent l'obéissance de leurs sujets ? Autre paradoxe, autre contradiction apparente dont le *Tao-te-king* est fertile. Comme le cœur et la tête s'expriment par les mêmes idéogrammes, on peut lire aussi non plus « vider les têtes », mais « vider les

1. Chapitre 80.

cœurs », et traduire alors « emplir les ventres » par « nourrir le nombril ». Or le nombril, c'est le *hara* pour l'Extrême-Orient, le centre de l'être. Le bouddhisme zen invite à se centrer dans son *hara* en prenant la position du lotus pour méditer. Serait-ce là l'interprétation correcte de la pensée de l'auteur ?

À l'instar des grands textes sacrés, le *Tao-te-king* a été diversement interprété au fil des siècles. Instinctivement, le lecteur occidental tend à le resituer dans les perspectives de sa propre culture ; exercice périlleux s'il en est ! Car dans l'exercice du taoïsme, la magie s'imbrique dans la mystique comme le yin dans le yang. Ainsi le taoïste considère le prince comme le récipiendaire et le régulateur des correspondances entre l'homme et le cosmos, le microcosme et le macrocosme. De saison en saison, en son palais, l'empereur passe d'une salle à l'autre et assure ainsi la bonne marche de l'empire. Il y a effet d'entraînement, d'engrenage, de résonance entre la maison du prince, la vie de ses sujets et la marche du monde. L'empereur et son palais sont perçus comme une représentation du globe en miniature. Qu'il advienne des calamités naturelles, elles sont aussitôt considérées comme un dérèglement surgi dans la maison du prince. On retrouve ici la logique du rôle attribué aux pharaons dans l'Égypte ancienne.

Les réflexions du *Tao-te-king* sur l'art de gouverner sont d'une actualité saisissante. Plus il y a de règlements et de prohibitions dans l'Empire, plus le peuple s'appauvrit ; plus le peuple a de moyens de s'enrichir, plus la vie familiale se trouble dans la nation ; plus le peuple est habile et ingénieux, plus on voit surgir des inventions inutiles ; plus le flot des règlements et des lois monte, plus il y a de malfaiteurs et de bandits. C'est pourquoi le saint homme dit : « Je pratique le non-agir et le peuple se transforme de lui-même ; j'observe le calme pur et le peuple se rectifie de lui-même ; je n'agis pas pour le lucre et le peuple s'enrichit de lui-même ; je suis sans désir et le peuple revient à la simplicité primitive[1]. »

Un texte sans doute destiné à la réflexion des leaders politiques qui à n'en point douter s'en inspireront !

Ce souhait de voir la société s'auto-organiser revient à la considérer comme le reflet de la nature dont les grands équilibres résultent de mécanismes analogues. La démocratie elle-

1. Chapitre 57.

même est d'ailleurs mise en garde contre ses propres excès : « Lorsque deux adversaires s'affrontent, il s'ajoute ceci : celui qui est compatissant remporte certainement la victoire[1]. » Les candidats aux futures élections présidentielles ne manqueront pas de s'inspirer de cet aphorisme. Et dans leurs joutes politiques ils se souviendront de cet autre : « Il n'y a pire malheur que de se faire des ennemis à la légère ; c'est presque perdre notre trésor[2]. » Dans sa diplomatie, la Chine moderne excelle à mettre en pratique ce sage conseil...

Écoutons encore ce constat : « Lorsque le gouvernement est simple et indulgent, le peuple est riche et généreux ; lorsque le gouvernement est formaliste et tracassier, le peuple est besogneux et mesquin. [...] Si le gouvernement est sans droiture, la droiture devient erreur, et le bien devient perversité[3]. » Un aphorisme qui rejoint celui d'un Père de l'Église qui disait : « Le mal c'est le mal, même quand tout le monde dit que c'est bien ! »

1. Chapitre 69.
2. Chapitre 69.
3. Chapitre 58.

À l'opposé des personnages politiques hypermédiatisés, les sages vivent cachés au cœur du peuple, sans briguer une place. Ils se gardent de flatter les princes ou de leur prodiguer des conseils définitifs. D'ailleurs, Lao-tseu, le vieux maître, selon l'un de ses biographes, Seu-Ma Tsyeng, « ayant aimé l'obscurité par-dessus tout, effaça délibérément la trace de sa vie ». Qu'advint-il alors ? « Sans doute, quittant son corps mortel, bénéficia-t-il de la résurrection. » Car « quittant son corps tel un papillon sortant de sa chrysalide, l'homme débarrassé de sa dépouille devient immortel et s'envole vers des demeures paradisiaques [1] ».

Le taoïsme et son éthique originale et alternative se devait, en bonne logique chinoise, de trouver son complément idéologique. Ce fut le confucianisme. D'ailleurs, selon l'adage, la Chine, habile à associer les contraires, considère que l'on peut être « confucianiste le jour et taoïste la nuit ». Pour certains auteurs, le taoïsme serait apparu postérieurement au confucianisme et en réaction à ses excès. Le respect de l'ordre établi cher à Confucius en faisait la religion du pouvoir, mais trouva dans le taoïsme naissant son contrepoids. Le respect du pouvoir et des traditions ancestrales sont en

1. *In* taoïsme, *Encyclopædia universalis*.

effet les deux piliers du confucianisme, à l'opposé de la liberté laissée par le tao à ses adeptes.

Confucius a vécu au VIe siècle avant notre ère, à l'époque des féodalités rivales qui s'affrontaient dans l'Empire. Il est contemporain de Zoroastre, fondateur de la vieille religion des Perses, de Bouddha, de certains des auteurs connus dans la Bible sous le nom d'Isaïe, et du Grec Pythagore. Un siècle dont la production philosophique, morale et spirituelle, on le voit, fut exceptionnelle ! Curieusement, par rapport à la naissance du Christ en l'an 1 de notre ère [1], l'islam se positionne symétriquement au VIe siècle de notre ère, qui vit la naissance de Mahomet.

Esprit plus philosophique que religieux, Confucius conseille à ses adeptes de respecter les dieux, mais de s'en tenir éloigné. Apologiste du juste milieu, de la société sans conflit, de l'équilibre social, Confucius est tout naturellement l'allié des princes et des puissants. Selon lui, la société repose sur cinq dépendances, créant chacune des obligations diffé-

1. Plus probablement en l'an 5 ou 7 avant notre ère. Voir Jean-Marie Pelt, *Fleurs, fêtes et saisons*, Fayard, 1988.

rentes : ainsi des sujets à l'empereur, des fils au père, de la femme au mari, du frère cadet à ses aînés, et entre amis inégalement positionnés dans la société. Imprégnés de l'esprit confucéen, les Chinois ne connaissent pas les frères, mais les « petits frères » ou les « grands frères ». Mais qu'un neveu soit plus âgé que son oncle, et voici que la mécanique pourtant bien huilée se grippe : lequel doit le respect à l'autre ?

Quand le bouddhisme pénètre en Chine au IVe siècle de notre ère, deux conceptions de la vie s'y équilibrent comme le yin et le yang : le confucianisme, qui privilégie l'autorité et les lettrés, et le taoïsme qui propose des idées plus libertaires, déjà enfouies à cette époque sous des pratiques magiques de recherche de l'immortalité. Ainsi confucianisme et taoïsme n'ont-ils cessé de s'équilibrer, le premier correspondant à des périodes de pouvoir fort, le second à des épisodes de désagrégation sociale où le peuple met alors son espérance dans la religion et où taoïsme et bouddhisme se mélangent.

Le taoïsme mystique et le confucianisme philosophique se partagent le cœur des Chinois, l'un se réservant la sphère religieuse, l'autre la sphère culturelle et sociopolitique.

On conçoit que la Chine contemporaine, dans une brillante démonstration de cohabitation entre le yin communiste et le yang capitaliste, privilégie le confucianisme, doctrine de l'ordre établi. Les autorités chinoises ont investi des sommes importantes dans la recherche en sciences humaines sur les racines historiques et culturelles de la civilisation chinoise, et c'est naturellement le confucianisme qui s'impose. À l'inverse le taoïsme, comme d'ailleurs toute autre religion, est tenu en suspicion, à l'instar du christianisme dans toute la Chine, du bouddhisme au Tibet et de l'islam au Xinjiang, pays des Ouïgours.

Le Taoïsme, il est vrai, n'est pas toujours tendre envers la doctrine confucéenne. On lit par exemple : « Lorsque le Tao fut délaissé, il y eu la vertu ; la vertu perdue, il y eut l'humanité ; après la perte de l'humanité, il y eut l'équité ; après la perte de l'équité, il y eut la civilité. Or la civilité n'étant que l'apparence de la droiture et de la sincérité, elle est cause de désordres[1]. » Doit-on lire ici une condamnation de la légendaire courtoisie chinoise ? Mais la critique du Confucianisme se fait plus sévère encore : « Quand les palais sont trop bien entretenus, les terres sont incultes, les

1. Chapitre 38.

greniers vides. Porter des habits somptueux, des épées tranchantes, se gaver de nourriture et de poissons, accumuler des richesses, c'est glorifier le vol. Ce n'est certes pas le tao[1] ! »

L'image d'une Chine puissante, dominatrice et mercantile, qui nous est aujourd'hui renvoyée par l'empire du Milieu, s'accommode mal de la doctrine du vieux maître Lao-tseu. La religion de l'argent, dont il sera question plus loin, y domine aujourd'hui, et les Célestes sont devenus crûment terre à terre... Quand donc la « Chine s'éveillera »-t-elle à sa propre spiritualité ?

En attendant, elle continue à nous étonner. Son extraordinaire capacité à marier les contraires, héritage du taoïsme, l'esprit de discipline hérité du confucianisme, le courage au travail de ses fils expliquent l'extraordinaire capacité de ses ressortissants à s'adapter dans tous les pays et à tous les milieux. Sans doute ont-ils beaucoup à nous apprendre et, qui sait, à nous donner ?

Ces propos amènes contredisent certes les opinions moins flatteuses qu'on a émises plus haut. Considérons que c'est notre manière à nous de marier le yin et le yang.

---

1. Chapitre 53.

5

L'islam : toute chose dans la main de Dieu

« L'islam du XXe siècle ne peut être que l'islam éternel. Car l'islam n'est pas une religion parmi d'autres, mais LA religion fondamentale et première depuis que Dieu, comme il est dit dans le Coran, "a insufflé en l'homme de son Esprit depuis Adam jusqu'à nous [1]". » C'est en ces termes qu'ouvre en 1985 la « Charte de Séville » sur l'islam du XXe siècle [2]. Il place d'emblée l'islam comme la mère et la première de toutes les religions, point de vue partagé par la plupart des musulmans.

La chronologie voudrait que l'islam soit traité ici après le judaïsme et le christianisme. Il leur est en effet postérieur, de seize siècles

1. Sourate VI, 98.

2. Roger Garaudy, *Pour un islam du XXe siècle : Charte de Séville*, éd. Tougui, 1985.

au moins pour l'un, de six pour l'autre. Avoir positionné l'islam avant les deux autres monothéismes s'explique ici par des raisons purement didactiques : en plaçant le christianisme à la fin de cette exploration écologique des grandes spiritualités, nous pourrons analyser dans la foulée la longue évolution historique au fil de laquelle, notamment au cours du deuxième millénaire, s'est produite une rupture fondamentale qui a débouché sur notre manière actuelle de percevoir et de traiter – ou plutôt de maltraiter – la nature. C'est de cette rupture qu'est née la crise écologique.

Avec l'islam, nous quittons la luxuriance – du moins passée, avant qu'elle ne subisse ses récentes déprédations – de la végétation de l'Inde et de l'Extrême-Orient, mais aussi de l'Amérique tropicale. Car c'est au cœur des déserts d'Arabie que naquit l'islam. Dès lors, la problématique s'inverse. La nature sauvage, moins présente et moins enveloppante en ces paysages désertiques, sera désormais remplacée, dans le réel comme dans l'imaginaire des Arabes, par une nature « insulaire », aménagée et apprivoisée. C'est autour du jardin et de l'oasis que s'organise désormais le lien qui unit l'homme à la nature. Mais ces jardins sont tributaires de l'eau, chichement accordée sous ces climats arides. Pas étonnant qu'elle soit citée pas moins de soixante-trois fois dans le Coran, comme un don précieux d'Allah, en signe de Sa bonté ! Une bonté face à laquelle l'homme souvent se rebelle.

Car, avec l'islam, on retrouve ce dialogue propre aux trois monothéismes où l'homme ne manque jamais une occasion de se détourner des voies de son Créateur et de lui refuser obéissance, de lui fermer son cœur. Dieu dit alors : « N'ont-ils pas des cœurs pour comprendre et des oreilles pour entendre ? Ce ne sont pas leurs yeux qui sont aveugles, mais ce sont leurs cœurs qui sont aveugles dans leurs poitrines[1]. » Bref, ils ressemblent à ces idoles dont se gausse le Psaume CXV de l'Ancien Testament : « Elles ont une bouche et ne parlent pas, des yeux et elles ne voient pas, des oreilles et elles n'entendent pas, un nez et elles ne sentent pas, des mains qui ne palpent pas, des pieds qui ne marchent pas, et aucun son n'émane de leur gosier. Que leur soient semblables ceux qui les ont faits et ceux qui ont confiance en elles[2]. » L'islam, pas plus que le judaïsme, ne tolère les idoles, moins encore les hommes dont le cœur de pierre leur est semblable.

---

1. XXII, 46.
2. Ps., CXV, 5-8.

Le parallélisme est saisissant entre la cosmogonie et l'anthropologie de l'islam et celles du judéo-christianisme. À l'origine, un Dieu créateur tout-puissant et bienveillant qui dispense aux hommes Ses bienfaits. Mais l'homme sans cesse se rebelle et reste un pécheur. Viendront alors, après sa mort, le Jugement et la juste rétribution de ses actes qui le conduiront au Ciel ou en Enfer.

Mais le Coran est infiniment plus loquace et descriptif que le judaïsme sur ces lieux d'éternité où s'accomplissent les destins ultimes des bienheureux ou des damnés. Le Ciel et l'Enfer y sont décrits jusque dans leurs moindres détails. Voici pour le Paradis : « La seule occupation des hommes sera de se réjouir en compagnie de leurs épouses. Ils se tiendront sous des ombrages, accoudés sur des lits d'apparat. Ils trouveront là des fruits et tout ce qu'ils demandent » ; « Entrez au Paradis, vous et vos épouses. Vous y serez bien traités » ; « On fera circuler parmi eux des plateaux en or et des coupes, tout ce qu'on peut désirer et dont les yeux se délectent ; vous y demeurerez immortels[1]. » Et encore : « Des vierges belles et bonnes, des houris qu'aucun homme jamais n'a touchées, s'accouderont sur des coussins

1. XLIII, 70-71.

et des tapis tandis que des éphèbes immortels circuleront portant des cratères, des écuelles et des coupes remplis d'un breuvage limpide dont ils ne seront ni excédés ni enivrés[1]. » Ces généreuses descriptions du Paradis – cité et décrit plus de cent cinquante fois dans le Coran – sont le reflet céleste de la sublime beauté des jardins de Perse. C'est en persan que « jardin » se dit « paradis ».

Le rapport des musulmans avec la nature, c'est d'abord dans les jardins qu'il s'épanouit, dans ceux qui, à Grenade ou à Cordoue, sont la fidèle réplique terrestre du paradis d'Allah. Le musulman s'y promène dans la paix, bercé par le murmure de l'eau et le gazouillis des oiseaux, dans le parfum de la rose et du jasmin. Une grande paix alors l'habite et, selon Louis Massignon, spécialiste et ami de l'islam, il ressent « cette patience de la vie, ce recueillement dans la main de Dieu, cette certitude silencieuse, immatérielle et sereine, d'une omniprésence divine, souveraine et voilée ».

Pourtant, dans un islam hélas dévoyé en quoi ne se reconnaît pas l'immense majorité des croyants, de jeunes kamikazes, à Bagdad, Kaboul, Gaza ou ailleurs, subissent sous l'em-

1. LII, 19-23.

prise du cannabis un habile lavage de cerveau. On leur promet l'accès immédiat au Paradis s'ils perpètrent, dans le cadre du djihad, le meurtre d'un ennemi de l'islam, fût-il un musulman jugé infidèle. On assiste là à une brusque résurgence des pages sombres de l'islam médiéval où un célèbre chef de guerre, « le Vieux de la montagne », retranché dans sa forteresse inexpugnable d'Alamut, en Syrie, étendait son pouvoir par l'usage du haschich avec lequel il dopait et droguait ses guerriers. L'Occident qualifia ces *haschischin* du nom d'« assassins ». Le chanvre à forte dose devenait l'arme du crime. Il armait le bras des kamikazes de l'époque[1]. Une tradition qu'on aimerait voir dépassée et repoussée par l'islamisme, fût-il intégriste. Ne peut-on imaginer que les instances religieuses supérieures de l'islam condamnent enfin solennellement de telles pratiques qui jettent une ombre si déplorable sur la deuxième religion du monde.

Toujours à l'instar du judaïsme qui le précède de seize siècles, Allah a fait de l'homme le gardien de sa Création sur terre. L'homme est son lieutenant ; étymologiquement, il agit en ses lieu et place. Le lieutenant est le rempla-

1. On se reportera sur ce thème à mon ouvrage *Drogues et plantes magiques*, Fayard, 1983.

çant, le vicaire, celui qui « tient lieu ». Mission est donc confiée à l'humanité de respecter et de ne pas mettre en péril l'œuvre du Créateur.

L'islam ici manifeste son génie propre. De nombreuses sourates insistent sur le caractère ordonné, équilibré, cohérent, harmonieux, mesuré, qui explique le profond équilibre de la nature, et d'autres, non moins nombreuses, insistent sur les déprédations résultant d'une mauvaise gestion, par l'homme, de cette même Création. L'idée prévaut à travers ces textes que celui qui abîme la terre sera puni, et que celle-ci ne manquera pas de se venger. On retrouve dans toutes les grandes spiritualités cette idée récurrente que le sort de l'homme et celui de la nature sont intimement liés. Une idée qui partout prévaut. Elle préconise une consommation modérée des biens et des ressources, sans excès, car les dons divins ont été attribués avec mesure : « N'écoutez pas l'ordre de ceux qui dépassent les bornes, qui corrompent la terre et qui ne s'amendent pas [1]. »

On trouve ainsi, en parcourant les sourates : « La terre a été mise en ordre par Dieu. Le désordre et la corruption sont apparus sur la terre et dans la mer à cause de ce que les gens

1. XXVI, 150-152.

ont accompli de leurs propres mains[1]. » « Nous avons fait pousser sur la terre toute chose harmonieusement proportionnée » ; « il n'est rien dont nous n'ayons les réserves et nous ne le faisons descendre que dans une mesure déterminée » ; « il [l'homme] parcourt la terre pour y semer le désordre et saccager culture et bétail, et Allah n'aime pas le désordre » ; « n'écoutez pas l'ordre de ceux qui dépassent les bornes, qui corrompent la terre[2]. »

Bref, le Coran dément formellement le propos de Protagoras selon lequel « l'homme est la mesure de toute chose », et plus encore cette déclaration de René Descartes pour qui, grâce à la science, « l'homme sera désormais le maître et le possesseur de l'univers ». Rien de tel ici. L'homme est partie intégrante d'une création mesurée : il lui appartient de la respecter et surtout de ne pas mettre en péril cet équilibre.

Pourtant, dans le maintien de cette création équilibrée, ordonnée, mesurée, la science a aussi sa part. Le Coran n'inscrit pas l'homme dans un monde immobile où il ne serait que le

1. XXX, 41.

2. Ces quatre citations ont été puisées à plusieurs sources musulmanes dont les auteurs ont malheureusement omis de renvoyer aux versets des sourates correspondantes.

rouage impuissant d'une grande machine. Bien au contraire : sa curiosité, sa perspicacité sont appelées à générer science et savoir. Il invite à distinguer les conjectures de la vérité ; d'exclure passions et considérations personnelles au profit de la neutralité et de l'objectivité ; de ne pas suivre aveuglément la coutume des Anciens, car celle-ci peut être remise en cause. On lit dans un hadith (parole rapportée du Prophète) : « La supériorité du savant sur ses semblables est comparée à celle de la lumière de la Lune sur les autres astres. Les savants sont les héritiers du Prophète à qui l'on ne déléguait ni dinars, ni dirhams, mais plutôt la science. Celui qui en hérite aura hérité la meilleure part. » On conçoit mieux, dès lors, le rayonnement et le prestige de la science des Arabes lorsque Bagdad, puis plus tard, Cordoue furent des foyers d'intense recherche et de connaissances nouvelles, précieux héritage qui fut légué par la suite à l'Occident. On comprendra aussi que bon nombre de musulmans éclairés se prêtent à l'exercice du « concordisme », mettant en rapport et en cohérence les propos du Coran avec le réel tel que la science peu à peu le révèle. Dès lors que le Coran est parole de Dieu, il ne saurait se tromper et la science ne peut que confirmer, jamais infirmer ses dires.

Gardien de la Création, l'homme se doit de porter une attention bienveillante aux animaux et à la nature végétale sauvage. Martyriser les bêtes pouvait conduire à de lourdes sanctions. Une femme s'étant livrée à un tel forfait fut condamnée à l'Enfer. Plusieurs sourates ou hadiths expriment leur bienveillance pour la chamelle, le cheval, le chien assoiffé. Mais il est peu question de la faune sauvage. En cela l'islam se distingue, comme les autres religions monothéistes, des traditions évoquées précédemment.

À ce propos, on ne manquera pas d'évoquer ici la fête de l'Aïd où le rituel musulman exige le sacrifice d'un mouton en souvenir du sacrifice d'Abraham à qui Dieu, pour tester sa foi, avait demandé le sacrifice de son fils Isaac, lui substituant *in extremis* un mouton. Cette pratique, perçue comme cruelle par le non-musulman, est cependant mise en œuvre avec le souci de ne point faire souffrir l'animal. Celuici, en effet, la gorge tranchée par une lame finement affûtée, se vide très rapidement de son sang, ce qui en quelques secondes met son cerveau en anoxie – en état d'inconscience. Des études menées en Allemagne ont montré qu'une telle pratique réduisait drastiquement la souffrance, d'autant que la tension s'effondrant en quelques instants, la mort est quasi immédiate.

La protection des animaux s'étend aussi à la nature désertique et sauvage d'Arabie. Le Prophète a préservé des zones proches des cités de la Mecque et de Médine en en faisant des réserves naturelles avant la lettre. Selon un hadith, il aurait dit, le jour de la conquête de La Mecque : « Cette cité a été décrétée lieu saint par Dieu depuis la création de la Terre et des Cieux, et ce, jusqu'au jour de la Résurrection. Nul n'en arrachera les plantes ni n'en poursuivra le gibier. Il n'en sera prélevé que les fleurs pour leur parfum. Jamais elle ne sera délibérément polluée. » Selon un autre hadith, le Prophète aurait déclaré : « Abraham a fait de La Mecque un lieu saint. Je fais de même pour Médine [...] où il est interdit d'arracher les plantes et de chasser le gibier. » Et il ajouta : « Jamais cette cité ne sera délibérément polluée, jamais son gibier ne sera poursuivi. On n'en prélèvera que selon une permission. Il est interdit d'en couper un arbre, sauf ceux qui servent à l'homme à nourrir sa monture. » Dans ces « réserves » il n'était permis de prendre comme bois que ce qui était tombé des arbres au sol [1].

1. Mohammed Assayed Jamil, *Les Questions de l'environnement à travers le Coran et la Sunna*, Isesco, 1999.

Avec le Coran nous sommes donc déjà dans l'esprit de la protection de la nature telle qu'elle est pratiquée aujourd'hui en Occident. La sourate LV, dans ses versets 1 à 12, résume parfaitement cette vision propre à l'islam : « Le Miséricordieux a fait connaître le Coran, il a créé l'homme ; il lui a appris à s'exprimer. Le Soleil et la Lune se meuvent d'après un calcul, l'étoile et l'arbre se prosternent. Il a élevé le ciel. Il a établi la balance. Ne fraudez pas sur le poids. Évaluez la pesée avec exactitude, ne faussez pas la balance. Il a établi la terre pour l'humanité. On y trouve des fruits et des palmiers aux fruits recouverts d'une enveloppe, les graines dans leurs épis et la plante aromatique. » Pour le Coran, il n'y a qu'un seul dieu, une seule nature, une seule substance. La vie de l'homme est déterminée par toutes les lois de la nature qu'il ne doit en aucun cas transgresser car, créée par Allah, la nature est bonne. On trouve ici plus d'une similitude avec le judaïsme.

Comme le christianisme, le Coran condamne aussi la richesse. Car « tout ce qui est dans les cieux et sur la terre lui appartient en totalité [à Dieu][1] ». Donc, l'homme ne saurait en disposer à son gré, et moins encore accumuler les

1. II, 116 et aussi III, 109.

richesses. « Annonce un châtiment douloureux à ceux qui thésaurisent l'or et l'argent sans rien dépenser dans le chemin de Dieu[1]. » Le riche Abou Lahab est condamné par sa fortune : « Que les deux mains d'Abou Lahab périssent et que lui-même périsse. Ses richesses et tout ce qu'il a acquis ne lui serviront de rien[2]. » Le Coran est sur ce point explicite et interdit tout accroissement de la richesse sans travail. D'où découle l'interdiction du prêt à intérêt que refusent les banques musulmanes dont la clientèle va croissant[3].

À propos toujours de richesse, on lit cette condamnation sans appel : « Quand nous voulons anéantir une cité, nous ordonnons à ceux qui vivent dans l'aisance de se livrer à leurs iniquités [...] et nous la détruisons entièrement[4]. »

On mesure alors le trouble que notre civilisation, idolâtre de l'argent, y compris celui du pétrole, jette dans la conscience des peuples pauvres et croyants des terres d'Islam. Cette injonction coranique est lourde de menaces

1. IX, 34.
2. CXI, 1-2.
3. La banque islamique pèse cinq cents milliards de dollars, (*Le Figaro*, 3 mai 2007).
4. XVII, 16.

pour cette cité, la nôtre. Sera-t-elle « détruite entièrement » ?

Le musulman se doit d'être sobre et économe, de respecter la planète et ses ressources. Cette sensibilité, il la partage avec les adeptes de toutes les religions du monde... ou presque ! Nous y reviendrons. Mais un danger menace l'islam : celui d'une lecture par trop littérale du Coran. Beaucoup d'adeptes de la charia, la loi islamique, attribuent une valeur juridique absolue à ses deux cent vingt versets législatifs. De là à couper la main des voleurs et à lapider les femmes adultères... Les talibans et d'autres en Iran, en Arabie, en Afrique, s'y emploient. Mais nombreux sont aujourd'hui les scientifiques musulmans éclairés qui soumettent le texte sacré à une exégèse inspirée de la démarche des juifs ou des chrétiens à l'égard de la Bible. Naît ainsi une nouvelle parole musulmane délivrée des conservatismes et des approches rétrogrades. Une parole qui, par exemple, réhabilite la place de la nature dans la révélation divine, cette nature si absente de l'islamisme radical. Or, selon le Coran, la révélation fut d'abord proposée aux « cieux, à la terre et aux montagnes. Tous refusèrent de l'assumer, tous tremblèrent de la recevoir. Seul l'homme accepta de s'en charger, mais il est injuste et ignorant[1] ». Voilà une sourate qui rehausse singulièrement la dignité, sous le regard divin, « des cieux, de la terre et des montagnes », déclarés par Allah dignes d'être ses partenaires au point que leur fut proposé par priorité le divin dépôt.

Les théologiens musulmans contemporains, à l'instar de Mohammed Taleb, par exemple, insistent sur les signes donnés par le Créateur « aux êtres doués d'intelligence[2] ». Ces signes sont les *ayats* que la tradition musulmane assimile aussi bien aux versets du Livre saint qu'aux phénomènes naturels et cosmiques, voire même aux manifestations de la vie intérieure. L'*ayat* renvoie à l'unité du divin, du cosmique et de l'anthropologique : « Nous leur montrerons bientôt nos signes dans l'univers et en eux-mêmes jusqu'à ce qu'ils voient clairement que ceci est la vérité[3]. » L'homme est donc invité à voir constamment les signes de Dieu aux divers horizons, dans le Coran mais aussi dans tout l'univers. Le Coran est à cet égard une parole de libération et de liberté, et c'est parce qu'aucune parole humaine s'exprimant sur le mode de la rationalité discursive

1. XXXIII, 72.
2. III, 190.
3. XLI, 53.

n'est capable de circonscrire ni d'épuiser l'« infinitude coranique » que Mohammed Taleb conclut : « C'est en effet dans l'optique du réenchantement du monde, plus justement de notre rapport au monde, que devrait s'effectuer l'émergence de cette conscience nouvelle[1]. » Nous voici à mille lieues de l'intégrisme.

Équilibre, modération, respect de l'ordre cosmique et même réenchantement du monde : tel est le chemin tracé par le Coran, que des savants éclairés de l'islam considèrent comme indépassable. Mohammed Taleb m'a tenu ce propos qui me donna à réfléchir : « Le Coran est la parole dictée par Dieu. La Bible est inspirée. Ce n'est pas tout à fait la même chose. Pour le musulman, le Coran est ce que représentent pour un chrétien la parole et la personne mêmes du Christ. » Aucune science ne saurait se mesurer à l'infinitude du Coran. On est ici à des années-lumière des interprétations serrées, strictement juridiques, proposées aux étranges « étudiants en théologie », alias les talibans. Au contraire, c'est une vision cosmique qu'il faut lire dans le Coran, car le cosmos, création divine, est enchanté par la

---

1. Mohammed Taleb, *La Nature dans l'islam*, www.science-islam.net.

musique de toutes les créatures. Et Mohammed Taleb de conclure : « Il n'est pas illégitime de désigner cette vision coranique de panenthéisme ; le panenthéisme est une posture de la pensée qui, refusant l'alternative réductrice du dualisme ontologique (séparation radicale d'un Dieu créateur et de sa création) et du panthéisme (identification de Dieu et du monde), inclut le cosmos dans l'espace divin tout en sauvegardant la transcendance. [...] Les montagnes, les rivières, les cieux, les arbres, les étoiles, les animaux, la terre possèdent une dignité (selon leur mode propre et leur constitution intérieure), car ils ont une profondeur, une intériorité, un corps de vie, une âme même. Ce n'est pas parce que ces réalités cosmiques sont créées par Dieu qu'elles sont dignes. C'est parce qu'elles sont d'abord des *ayats*, des signes qui à la fois signalent et signent[1]. » Aussi le musulman, à l'instar des chrétiens du Ier millénaire, lit-il les deux livres de Dieu que sont la Révélation et la Nature.

Cheikh Bentounès est le maître spirituel de la confrérie Alawiya, confrérie soufie aux antipodes de tous les intégrismes. Il vit un islam mystique dans une profonde union à Dieu, et déplore que les intégristes imposent un ordre qu'ils veulent immuable, oubliant ainsi que

1. Mohammed Taleb, *ibid.*

« la religion interprétée à la lettre n'enseigne que des vérités superficielles, sources de bien des drames ». La véritable spiritualité est à ses yeux recherche permanente de la réalité du Message pour savourer, dans le partage et la richesse de la vie, l'intarissable flux du divin qu'elle porte en elle. Aussi jette-t-il sur l'évolution actuellement perceptible dans le monde des religions un regard sévère : « Aujourd'hui, les religions sont devenues des prisons pour l'esprit ; l'aspect extérieur a pris tellement d'importance que l'homme ne peut s'y épanouir ; les soufis se sentent proches de toutes les créatures, au-delà de toutes les religions. Chaque être a reçu le divin en dépôt, tout le monde aspire au bonheur ; certains le recherchent dans l'argent, le pouvoir ou dans le salut d'une religion. Ce sont là des moyens illusoires. Une seule chose peut réellement apaiser et apporter le bonheur : c'est de vivre dans l'union et non dans la séparation, dans la perpétuelle contemplation du divin. Telle est au fond notre véritable nature[1]. »

Goûtons cet hymne à la paix de mon ami Bentounès, témoin contemporain de la haute et flamboyante spiritualité de l'islam soufi :

---

1. Cheikh Bentounès, *Un maître pour la paix*, www.uneballepourlapaix.fr.

« Elle est la fleur au parfum enivrant du jardin
[de la quiétude.
Elle est le mouvement d'amour qui submerge
[et unit les cœurs de pardon et de mansuétude.
Elle est la monture du héros qui combat
[l'intolérance.
Elle est la méditation suprême du sage noyé
[dans l'éternelle présence.
Elle est la plume du savant qui éveille et
[transmet la connaissance.
Elle est l'encre de l'alphabet céleste, mystère
[de l'essence.
Elle est la fondation de la demeure de la
[justice et de la dignité.
Elle est la force salvatrice des hommes contre
[la monstruosité.
Elle est le remède du cœur face à l'angoisse
[des âmes agitées.
Elle est l'hymne des chérubins qui portent le
[trône divin.
Elle est le nom béni de Dieu invoqué par toute
[la Création [...] »

6

La grande épopée d'Israël

Dans le vaste panel des religions, aucune n'est plus singulière que le judaïsme. Il est numériquement la plus petite des grandes confessions. On compte environ seize millions de Juifs disséminés de par le monde, dont plus de la moitié vivent hors de l'État d'Israël. Mais la singularité de ce peuple est d'avoir résisté à toutes les avanies d'une longue histoire que sa mémoire fait remonter au fondateur commun aux trois monothéismes, Abraham, qui aurait vécu dix-huit siècles avant notre ère. La religion juive est étroitement liée à l'histoire de ce peuple qui l'a créée et l'a portée, fidèle à ses plus anciennes traditions pendant près de quatre millénaires. Seul l'hindouisme peut revendiquer une aussi lointaine ascendance.

Avec le judaïsme l'homme sort du temps cyclique, de la répétition régulière des années et des saisons, pour inscrire sa destinée dans un temps linéaire, une histoire. Certes, le temps cyclique n'est pas absent du judaïsme. On se souvient des propos désabusés de Qohelet : « Tout est fumée. Quel avantage donne à l'homme toute la peine qu'il prend sous le soleil ? Les générations s'épuisent. La terre est toujours là. Le soleil se lève et le soleil se couche. [...] Le vent s'incline vers le sud, tourne au nord, tourne et tourne encore, puis reprend son parcours. Tous les torrents descendent à la mer et la mer jamais n'est emplie de ces eaux qui remontent à leurs sources pour couler de nouveau. Tous les mots sont lassants, plus qu'on ne saurait dire. [...] Ce qui fut reviendra, ce qui s'est fait se refera. Rien de nouveau sous le soleil[1]. »

Mais le Qohelet n'est qu'une des grandes figures de la Bible. Les pensées et les paroles des sages, des prophètes et des rois de ce grand peuple illustrent les rapports souvent tumultueux d'Israël avec son Dieu, un Dieu qu'il fit d'abord sien puis qu'il considéra plus tard comme le Dieu unique. Ainsi commença, sans doute durant l'exil des Juifs à Babylone, au VIe siècle avant notre ère, l'histoire du mono-

1. Qo, I, 2-9. Les références bibliques renvoient ici à la traduction de Pierre de Beaumont, Fayard, 1981.

théisme. Une « histoire sainte », celle des rapports tumultueux entre le Créateur et l'homme, Son bien-aimé ; un bien-aimé qui ne cesse de tromper l'amour et la confiance que Son Créateur a placés en lui. Mais le Dieu d'Israël pardonne et pardonne encore ; sans cesse il renouvelle son alliance avec l'humanité pécheresse.

Et la nature, dans cette histoire ? Elle est partout et Israël ne cesse de chanter, de psaume en psaume, de prophète en prophète, la beauté de la Création. Une Création dont le récit majestueux ouvre l'Ancien Testament, au premier chapitre de la Genèse qui la narre en sept jours [1]. Tout se passe comme par enchantement, tant la parole de Dieu est créatrice. Dieu dit « que la lumière soit, et la lumière fut ». Pas moins de neuf fois, « Dieu dit », et tout se fait. À chaque étape de la grande geste créatrice, Dieu contemple Son œuvre et Il ne répète pas moins de sept fois que « tout cela est bon ». Et même après avoir créé l'homme à Sa ressemblance, il vit que cela était vraiment « très bon ». Dans ce récit magistral, la parenté de l'homme et des animaux déjà se dessine, puisque tous sont créés le même jour, le

1. Gn, I, 1-31 et II, 1-4 a.

sixième et dernier de la Création avant le repos du septième, le shabbat.

Pourtant, en parcourant attentivement ce volumineux Ancien Testament, il apparaît que les choses ne furent peut-être pas aussi simples. Çà et là resurgissent des éléments à rattacher aux mythologies plus anciennes de la Mésopotamie où les mythes de la Création supposent des affrontements violents contre les puissances destructrices. Ainsi le Psaume LXXIV rappelle que Dieu brisa les crânes des monstres, « qu'il fracassa Léviathan », redoutable monstre marin à sept têtes. Un Léviathan qui ne saurait cependant se mesurer à Dieu, le Tout-puissant, « qui l'a formé pour jouer avec lui » ou pour se jouer de lui. À ce bestiaire il convient d'ajouter encore le « bestial », la bête par excellence, incarnation des puissances maléfiques, ainsi que le « tortueux » dont les livres de Job et d'Isaïe évoquent la puissance redoutable, laquelle pourrait être une version mythologique de la grande faune égyptienne, hippopotames et crocodiles. Sans oublier la « Bête » et le « Dragon » qui resurgiront bruyamment dans le dernier livre de la Bible, l'Apocalypse. Voilà des monstres qui font peur aux Hébreux, surtout les monstres marins, souvent cités, car Israël craint les ténèbres des abysses autant que la fureur des flots déchaînés.

Face à ces réminiscences des mythologies babylonienne et égyptienne, on conçoit qu'il soit nécessaire, pour l'homme, de « dominer » ces forces obscures qui grouillent aux sources de la Vie malgré les majestueux développements du premier récit de la Création. En fait, la persistance des forces maléfiques s'impose comme une tragique évidence, même si leur défaite est d'ores et déjà annoncée. Elle ne sera pleinement consommée qu'à la « fin des temps », lorsque le Seigneur interviendra avec « Son épée acérée, énorme, puissante, contre Léviathan, le serpent fuyant, contre Léviathan, le serpent tortueux. Il tuera le dragon de la mer[1] ». En attendant, il convient de tenir en lisière ou en échec ces forces continuellement présentes dans les mythologies égyptienne, babylonienne et phénicienne, afin qu'elles ne parviennent pas à désorganiser le monde, à faire resurgir le chaos original, le désordre.

Ces évocations symboliques révèlent une vision réaliste de la nature faite de forces harmonieuses et de forces hostiles. Si la nature est bonne – le Créateur l'a répété sept fois –, elle

1. Isaïe I, XXVII, 1.

l'est dans sa totalité cosmique, pas toujours pour l'homme qui en maintes occasions se mesure à elle dans des rapports d'affrontement. Nous sortons là d'une vision idyllique de la nature pour épouser ce pragmatisme si présent dans la pensée juive. Bref, il va falloir dominer la situation. Aussi, à peine l'homme fut-il créé que Dieu le bénit et lui dit : « Multipliez, envahissez la terre, maîtrisez-la, dominez tout vivant, le poisson dans la mer et l'oiseau dans le ciel, tout rampant sur la terre[1]. » Et quand la méchanceté des hommes leur a valu le châtiment suprême, le Déluge, cette même adjonction est faite à Noé et à sa famille, seuls survivants du désastre. Dieu leur dit alors « Soyez féconds, multipliez, emplissez la Terre. Que la crainte et l'effroi que vous inspirerez marquent tout animal, tous les oiseaux du ciel, tous les rampants du sol, tous les poissons des mers. Ils sont livrés entre vos mains[2]. »

Faut-il considérer ces versets fameux comme l'équivalent biblique des « versets sataniques » que Salman Rushdie débusqua dans le Coran, ce qui lui valut une fameuse fatwa ? C'est en tout cas à partir de l'évocation de ces textes que s'est instruit, dans la pensée

1. Gn, I, 27-28.
2. Gn, IX, 1-2.

moderne, particulièrement la pensée écologique, un sévère réquisitoire contre le judéo-christianisme.

Ce procès a débuté par un discours sur les racines religieuses et culturelles de la crise écologique, prononcé devant l'Association américaine pour l'avancement des sciences, le 26 décembre 1966, par un historien médiéviste, Lynn White. Son texte fut publié trois mois plus tard dans la prestigieuse revue américaine *Science*[1]. Dans cet article fondateur, sans cesse cité et qui est à l'écologie ce que le procès Galilée fut à la science, Lynn White attribue à ces versets le dévoiement de la pensée occidentale concernant la nature et la crise écologique qui en a résulté. Tout au plus accorde-t-il quelques circonstances atténuantes au christianisme en évoquant François d'Assise, devenu entre-temps patron de l'écologie par décision de Jean-Paul II. Quelques années plus tard, le grand historien britannique Arnold J. Toynbee[2] reprit et prolongea la polémique.

---

1. Lynn White Jr., « The historical roots of our ecological crisis », *Science*, vol. 155, n° 3767 (10 mars 1967).

2. Arnold J. Toynbee, « The genesis of pollution », *Horizon*, vol. 15, n° 3, septembre 1973.

Faire porter à ces deux versets l'entière responsabilité de la crise écologique contemporaine était un pari osé. Faut-il rappeler que la Grèce antique, parfaitement étrangère au monde hébraïque, subit une intense désertification par surpâturage entre le VIIIe siècle avant notre ère, celui d'Homère, et le IVe siècle, celui de Platon ? Ce dernier se désespérait que les rochers mis à nu fissent l'effet d'ossements desséchés et la terre de linceul de la belle parure verte de la Grèce d'autrefois, celle des bergers d'Arcadie. À l'autre bout du monde, du IXe au XVe siècle, la brillante civilisation khmère incarnée par les sublimes ruines d'Angkor réussit, grâce à un réseau hydraulique hautement sophistiqué, à entretenir une économie rizicole fertile et productrice. Mais elle alla trop loin, les canaux s'envasèrent et elle s'effondra, tuée par son gigantisme technologique [1]. Angkor fut pourtant, croit-on, une des plus grandes, sinon la plus grande des mégalopoles médiévales. De leur côté, les Chinois déboisèrent durant des millénaires l'ouest de leur immense pays, générant du coup les énormes inondations de leurs grands fleuves. Tout cela se déroula hors de tout contact avec le judéo-christianisme.

1. Cf. Jean Dorst, *La Force du vivant*, Flammarion, 1979.

Actuellement, la Chine moderne, si étrangère au même judéo-christianisme, poursuit d'ailleurs un développement économique exponentiel, au mépris de toutes les préoccupations écologiques. N'est-elle pas devenue, en 2007, le premier émetteur mondial de gaz à effet de serre responsable du réchauffement climatique ? Quant à l'Union soviétique, elle maria un athéisme virulent à un parfait mépris de l'écologie. Il est donc pour le moins aventureux de faire porter à deux versets de la Genèse l'entière responsabilité du désastre planétaire, comme le montre d'ailleurs fort bien Clive Ponting [1].

Mais revenons à ces versets controversés [2] dont le mot-clé est « dominer ». Pour Francis Weill [3], le sens de la racine hébreu *IaReD* veut dire aussi « descendre », et il explique : « Si l'homme lourd de sa puissance descend *sur* l'animal, il le domine en pesant sur lui. Mais s'il descend *vers* l'animal, il peut aussi se mettre à son niveau. Ainsi peut-il être amené à le considérer comme son prochain. » Or ce

1. Clive Ponting, *Le Viol de la terre*, Nil, 2000.

2. Pour plus de développements sur ces versets, on pourra se reporter à mon livre : *Au fond de mon jardin*, Fayard, 1992.

3. Francis Weill, *L'Éthique juive en dix paroles*, MJR, Genève, 2006.

prochain apparaît comme tel au cœur de l'alliance que le Seigneur Dieu contracte avec tous les êtres vivants sortant de l'Arche. Il dit alors à Noé et à ses fils : « Et moi, voici que j'établis mon alliance avec vous et avec vos descendants, avec tous les êtres vivants autour de vous, tous les oiseaux et les animaux sortis de l'Arche ou qui viendront à vivre. [...] Et voici le signe de l'alliance que pour toujours je conclus avec vous et les êtres vivants : je mets mon arc dans les nuages pour qu'il constitue le signe du pacte entre moi et la Terre[1]. »

Ces paroles de l'alliance, dans l'une des plus belles formulations de l'Ancien Testament, sont répétées dans le livre d'Osée. « En ce jour-là, je conclurai pour toi, mon peuple, une alliance avec l'oiseau du ciel, le reptile du sol et la bête des champs. Je briserai toutes les armes. Je mettrai fin aux guerres et tu reposeras, comblé de mes bienfaits. Je te fiance à moi pour toujours dans le droit, la justice, la tendresse et l'amour. Je te fiance à moi dans la fidélité, et tu me connaîtras, moi, le Seigneur ton Dieu. [...] Je répondrai au ciel et le ciel répondra à la terre ; la terre au blé, au vin nouveau, à l'huile fraîche. [...] Je dirai "mon peuple" et eux me répondront "mon Dieu"[2]. »

1. Gn, IX, 8-10 et 12-14.
2. Os, II, 20-25.

Cette alliance se concrétise dans les rapports que l'Hébreu entretient avec la nature, et d'abord avec la terre dont l'homme n'est que l'usufruitier. Car « c'est à Dieu qu'appartiennent le monde et sa plénitude, la terre et tout son peuplement [1] ». Cette terre, l'homme doit la traiter avec tendresse et délicatesse, l'apprivoiser, « la cultiver et la garder [2] ». On trouve une symétrie entre le judaïsme et l'islam dans ce positionnement de l'homme en tant qu'usufruitier, gardien et responsable de la Création. Un *midrach*, commentaire rabbinique tiré d'un des livres du Talmud, précise cette mission de l'homme : « Vois mes œuvres, vois leur beauté, leur perfection, et tout ce que j'ai créé. Je l'ai créé pour toi : prends garde de ne gâter ni de détruire mon monde, car il n'y aura personne pour le réparer après toi [3]. » Cette tâche confiée à Adam, c'est l'humanité qui doit l'accomplir, participant ainsi à son tour à l'œuvre de la Création en harmonie avec le Créateur, le cosmos et tout le monde vivant [4].

La terre, toutefois, on ne la cultivera pas le jour du shabbat, en souvenir de la sanctifi-

1. Ps., XXIV, 1.
2. Gn, II, 15.
3. *In* Francis Weill, *op. cit.*
4. Roger Klaine, *Les Valeurs de l'Occident et la Bible*, Institut européen d'écologie, Metz.

cation du septième jour. Ce repos, les animaux domestiques en bénéficieront aussi. Pas question de faire porter le joug au bœuf ce jour-là. Mais la Bible invente aussi l'année sabbatique : « Chaque septième année, faites reposer la terre ; ne la cultivez pas. Pendant six ans, plantez vos champs, soignez vos vignes, récoltez, mais la septième année est une année de repos complet. Elle m'est consacrée, les champs ne seront pas plantés, les vignes ne seront pas taillées, le grain qui vous poussera ne sera pas récolté, et les grappes seront abandonnées. C'est une année de repos complet pour la terre. [...] Compte sept fois sept ans, c'est-à-dire sept semaines d'années, ou encore quarante-neuf ans. [...] Cette cinquantième année sera une année sainte, à part, et annonce que cette année-là, tous les habitants du pays seront libérés. C'est un jubilé. Alors chaque propriété qui a été vendue revient à son premier propriétaire ou à ses descendants, et quiconque a été vendu comme esclave retourne à sa famille. Alors vous ne sèmerez pas, vous ne récolterez pas le grain qui aura poussé tout seul, et ne cuverez pas les raisins de votre vigne non soignée ; toute l'année sera sacrée pour vous, vous mangerez seulement ce que les champs produisent d'eux-mêmes[1]. » La semaine de

1. Lev, XXV, 2-12.

sept jours – sept comme les sept astres errants connus dès l'Antiquité : le Soleil, la Lune et les cinq premières planètes – et l'année sabbatique sont donc des acquis que nous devons à la tradition juive. Le calendrier révolutionnaire était plus chiche, qui pratiquait les décades, des semaines de dix jours, donc des week-ends plus rares !

Ainsi, tous les sept ans et tous les quarante-neuf ans, les Hébreux pratiquent la jachère, le repos de la terre. Ils doivent aussi laisser le « coin du champ » dont les fruits appartiennent au pauvre, à la veuve, à l'orphelin, à l'étranger. Ceux-ci ont le droit de venir glaner après la moisson. Ce soin porté à la terre le sera aussi aux animaux. L'homme et l'animal ont été créés ensemble au sixième jour ; un même souffle les anime. Le Qohelet, déjà cité, s'interroge : « J'ai réfléchi à la prétention des hommes d'être distincts des animaux, alors qu'ils sont comme eux et qu'un même destin attend leur aventure. La mort des uns ne vaut pas mieux que l'agonie des autres. Le même souffle est dans chacun, point de prééminence. [...] Tout retourne à la poussière. Qui peut savoir de l'homme et de la bête, le souffle qui s'élève et celui qui descend[1] ? »

1. Qo, III, 18-21.

Le bœuf est respectable. On ne le musellera pas lorsqu'il tournera sur l'aire de battage, et il se reposera le jour du shabbat. On est loin des pratiques de l'Antiquité où ces pauvres animaux, muselés, tournaient en rond sur la noria jusqu'à épuisement. On n'attellera pas un bœuf et un âne ensemble, car leur force est inégale et ils s'épuiseraient à tenter de trouver un équilibre dans leur effort de traction. On ne tuera les animaux que pour s'en nourrir, conformément à l'alliance conclue avec Noé qui ouvre à la nouvelle humanité d'après le Déluge la possibilité de se repaître de viande, ce qui n'avait pas été mentionné dans le premier récit de la Création où seules les plantes étaient destinées à l'alimentation humaine. L'abattage des animaux, comme dans le Coran, est sévèrement réglementé : en les saignant par section de la carotide, ils se videront de leur sang rapidement, et le cerveau en anoxie sombrera très vite dans l'inconscience. Seuls pourront être consommés des animaux sacrifiés selon ce strict rituel, et pour cette raison la chasse sera proscrite, puisque les animaux tués hors du rituel ne sont pas comestibles. Il est de surcroît interdit de faire souffrir un animal ; or, à la chasse, certains d'entre eux ne sont que blessés et souffrent : une inadmissible cruauté aux yeux des Hébreux.

Pour l'homme de la Bible, les sorts de

l'homme et de la nature sont étroitement liés. Leur interdépendance est implicitement admise dans le récit du Déluge où ils sont sauvés conjointement. Mais qu'en est-il alors des plantes qui n'ont pas, aux yeux des Hébreux, souffle de vie ? Le Créateur aussi en prend soin, comme l'atteste ce rameau d'olivier rapporté par la colombe à Noé sur son arche. Ce signe atteste que la terre ferme est réapparue à la suite du retrait des eaux diluviennes et qu'à nouveau elle porte son fruit, en l'occurrence l'olivier, en Orient symbole universel de paix et de prospérité. Mais, à l'inverse, lorsque l'homme trahit la confiance du Seigneur, la nature elle-même s'en ressent : « Parce que [...] tu as mangé le fruit de l'arbre défendu, le sol sera maudit. C'est dans la peine que tu en tireras la nourriture tous les jours de ta vie. La terre fera germer pour toi épines et chardons, et tu n'obtiendras ta nourriture qu'en cultivant des champs. C'est à la sueur de ton visage que tu gagneras ton pain [1]. » Ces versets achèvent le second récit de la Création où Adam et Ève, après avoir été créés et placés dans le jardin d'Éden, ont consommé le fruit défendu. La malédiction qui pèse désormais sur eux et que traduisent ces versets semble leur imputer l'irruption du Mal dans le monde.

1. Gn, III, 17-19.

Pourtant, une autre interprétation est possible. En outrepassant les limites qu'autorise l'ordre cosmique, en cédant au serpent qui leur dit « Si vous en mangez, vous serez comme Dieu. Vous déciderez vous-mêmes ce qui est bon et ce qui est mauvais[1] », en tirant orgueil de cette intelligence qui le place au sommet de la Création, l'homme, à l'instar du Prométhée des Grecs et des mythes d'Icare et de Faust, cesse d'être le jardinier de la nature pour en devenir l'exploitant et bientôt l'exploiteur. Il déclenche ainsi la crise écologique contemporaine. Sans doute est-ce là le sens profond de la condamnation qui pèse sur lui après qu'il a croqué la pomme. New York, métropole pétrie du même orgueil, a choisi cette même pomme comme symbole.

Mais la Bible suggère encore une troisième interprétation concernant la question suprême qui agite depuis toujours théologiens et philosophes : quelle est l'origine du Mal ? Quelle est sa signification ? Pourquoi la souffrance d'un enfant innocent ? Pourquoi tant de guerres ? et tant de morts ? Une lecture attentive du second récit de la Création au Jardin d'Éden met en scène le serpent, le tentateur, qui s'adresse à Ève et l'invite à partager avec

1. Gn, III, 5.

Adam le fruit défendu. Ici le serpent personnifie le Mal. Selon cette interprétation, le Mal serait donc antérieur à l'homme, ce qui ramène au célèbre mythe de la révolte de Lucifer. Cet ange tout de beauté et de lumière se voulait l'égal de Dieu. À l'origine, l'orgueil, toujours. Dans l'Évangile selon saint Luc, les disciples envoyés par Jésus porter son message « revinrent tous joyeux : Seigneur, dirent-ils, même les esprits du Mal nous sont soumis en ton nom. Il leur répondit : Je voyais l'esprit du Mal tomber du ciel comme la foudre et à vous j'ai donné le pouvoir de fouler aux pieds serpents, scorpions et toute la puissance ennemie [1]. »

Remontant à nouveau à la Genèse, on trouve la brève histoire du patriarche Hénoch, père du célèbre Mathusalem, mais qui ne parvint, lui, qu'à l'âge de... trois cent soixante-cinq ans ! « Toute sa vie il avait suivi la volonté de Dieu et il disparut enlevé par Lui [2]. » Cette disparition, à l'instar de celle, beaucoup plus tardive, du prophète Élie, enlevé au ciel sur un char de feu, reste entourée de mystère. Quelques versets plus loin, la Genèse évoque des « êtres surhumains qui trouvent belles les filles des hommes et prennent pour femmes celles qui leur plaisent ». Mais quels sont donc ces êtres

1. Luc, X, 17-19.
2. Gn, V, 21.

surhumains dont l'accouplement générerait « les héros d'autrefois, ces hommes fameux [1] » ? Pour en savoir plus, peut-être faut-il se reporter précisément au livre d'Hénoch, souvent cité par des Pères de l'Église des IIe et IIIe siècles (Irénée de Lyon, Clément d'Alexandrie, Tertullien, Origène...). Ce livre, datant du IIe ou du Ier siècle avant J.-C., est un apocryphe qui n'a pas été conservé dans la Bible hébraïque, l'Ancien Testament des chrétiens. Il est cependant reconnu par l'antique Église d'Éthiopie. Hénoch, qui signifie « l'Initié », y décrit les visions dont Dieu l'aurait favorisé. Et l'on y retrouve à nouveau l'écho de ces êtres surhumains qui pourraient être les fameux anges rebelles. Ceux-ci « se choisirent chacun une femme et ils s'en approchèrent et ils cohabitèrent avec elles et leur enseignèrent la sorcellerie, les enchantements et les propriétés des racines et des arbres. Et ces femmes conçurent et elles enfantèrent des géants dont la taille avait trois cents coudées », peut-être ces « hommes fameux » dont il vient d'être question. Ces anges rebelles, au nombre de deux cents, étaient menés par Azaziel qui « enseigna encore aux hommes à faire des épées, des couteaux, des boucliers, des cuirasses et des miroirs ; il leur apprit la fabrication des brace-

1. Gn, VI, 2-4.

lets, des ornements, l'usage de la peinture, l'art de se peindre les sourcils, d'employer les pierres précieuses et toutes espèces de teintures, de sorte que le monde fut corrompu. L'impiété s'accrut, la fornication se multiplia. Les créatures transgressèrent et corrompirent toutes leurs voies [1] ».

Un scénario d'avant le Déluge où « le Seigneur voit que la méchanceté des hommes sur terre est grande et que les penchants de leur cœur les poussent irrésistiblement au mal. Il s'en attriste et regrette de les avoir créés [2] ». Le Déluge est la conséquence logique de cette corruption universelle, et Azaziel apparaît comme l'homologue du Prométhée des Grecs qui, parce qu'il avait volé aux dieux tous leurs secrets pour se hisser à leur hauteur – le feu, l'art de transformer les métaux et de cultiver les semences –, fut condamné à être enchaîné à un rocher tandis qu'un aigle lui becquetait le foie. Toujours ces limites à ne pas franchir ; toujours l'orgueil humain à l'origine de la transgression...

Il est question d'un autre Hénoch dans la Genèse. Ce fils de Caïn, fondateur de la première ville au monde, lui donna son nom.

1. Hénoch, VIII, 1-2.
2. Gn, VI, 5-6.

Or le mythe de Caïn rejoint étrangement celui de Prométhée : « Adam s'unit à Ève, sa femme ; elle attend un enfant, met au monde Caïn. [...] Elle donne ensuite naissance à un autre fils, Abel, qui devient pasteur, alors que Caïn cultive le sol. De longs jours s'écoulent et Caïn offre au Seigneur des produits de la terre, Abel lui présente les premiers-nés de son troupeau. Le Seigneur agrée Abel et son offrande, mais il n'agrée pas Caïn et son présent [1]. » Caïn éprouve alors une forte jalousie envers Abel et le tue.

Ce mythe fondateur recèle une des composantes essentielles du judaïsme où le Seigneur agrée le sacrifice d'un agneau du berger nomade, Abel, mais refuse l'offrande de céréales du cultivateur sédentaire, Caïn. La logique semble être ici prise en défaut : pourquoi celui qui tue est-il préféré à celui qui cultive ? Pour le bien comprendre, il faut se projeter jusqu'au néolithique, il y a dix mille ans, lorsque commence la culture des céréales. À partir du XIIe siècle avant notre ère, les Hébreux, jusqu'alors nomades, se sédentarisent dans la terre de Canaan, la Palestine, promise par Dieu à Abraham. La culture des céréales prend alors le pas sur le noma-

1. Gn, IV, 1-4.

disme pastoral des grands patriarches de la lignée d'Abraham, d'Isaac et de Jacob. Pour cultiver il faut labourer, donc user d'un soc et savoir travailler le métal. Et qui dit céréales dit capacités de stockage, donc construction de greniers ; mais aussi, du même coup, création d'une fonction de surveillance ; on dirait aujourd'hui : de police. Tandis qu'ici la récolte est abondante, là-bas règne la disette. Commencent donc les échanges entre ceux qui ont stocké et ceux qui sont en manque. Naît alors le commerce. On troque d'abord, puis on invente les comptes, les chiffres, l'écriture. L'humanité s'organise en société sédentaire, bientôt urbaine. Caïn symbolise tout cela. L'un de ses descendants est « l'aïeul de ceux qui forgent le bronze et le fer [1] ». Et lui-même construit la première ville dédiée à son fils Hénoch.

Tout différent est le scénario concernant Abel, le pasteur. Ici, point de greniers, de provisions et surtout de prévisions. Le pasteur nomade est fils de la pluie qui fait reverdir la steppe sur laquelle il conduit ses troupeaux. Il vit donc dans une totale dépendance à l'égard de l'eau, ce don du ciel. Il ne stocke pas, il n'accumule pas, et surtout il se garde des

1. Gn, IV, 23.

risques du surpâturage. À l'instar d'Abraham, les patriarches d'Israël furent de grands nomades. La Genèse nous rapporte les querelles entre les bergers d'Abraham et ceux de Lot, son neveu. Car le troupeau de l'un et de l'autre sont trop importants pour qu'ils puissent continuer à pâturer ensemble sur le même espace. Abraham dit à Lot : « Nous sommes parents ; tes hommes et les miens ne peuvent pas se quereller ; tout le pays n'est-il pas devant toi ? Sépare-toi de moi : si tu prends la gauche, à moi la droite ; si tu prends la droite, à moi la gauche. Lot regarde. C'était avant que le Seigneur ait détruit Sodome et Gomorrhe. Aussi toute la plaine du Jourdain est devant lui, irriguée jusqu'à Coar, comme le jardin du Seigneur. [...] Il choisit pour lui toute cette vallée, marche vers l'Orient et ainsi se sépare d'Abraham. Celui-ci reste au pays de Canaan. Lot s'installe au milieu des villes de la vallée. Il campe jusqu'à Sodome, cité d'hommes mauvais, de grands pécheurs au regard du Seigneur[1]. »

Si les cultivateurs sédentaires dépendent aussi du temps qu'il fait, parviennent néanmoins à échapper à ses foucades en constituant des stocks de provisions pour les jours maigres, cela est impossible aux nomades, car

1. Gn, XIII, 8-13.

il n'est pas question de stocker des troupeaux sans les nourrir. Or, dans l'épisode de Caïn et d'Abel, le Seigneur manifeste sa préférence pour le nomade, le berger.

Dans *La Bible déchiffrée* [1], on décrit ainsi les Hébreux qui se pensaient en référant avant tout à l'activité de Dieu Lui-même : « C'était Dieu qui parlait dans l'orage ; Il bénissait dans la pluie, Il maudissait dans la sécheresse. Dieu respirait dans le vent, comme Il jugeait dans les tremblements de terre et manifestait Sa gloire dans les cieux. » Il importait donc aux Hébreux de se plier à Sa volonté. Et comme Il donnait la pluie, ils prirent grand soin de la stocker en creusant des citernes. L'extension du réseau de citernes explique celle même d'Israël sur les collines de Judée et de Samarie par occupation des espaces libres sur ces terres encore boisées à l'époque.

Cela ne semble pas plaire au Seigneur, et le prophète Jérémie lui prête ces reproches : « Le forfait de mon peuple est double. Il m'a abandonné, moi, la source d'eau vive, pour se creuser des citernes craquelées qui ne tiennent pas l'eau [2]. » Voilà bien le fameux « Dieu jaloux »

1. Yves Jolly et Theo Snitselaar, *La Bible déchiffrée : Une introduction à la lecture de la Bible*, Fleurus, Paris, 1977.

2. Jérémie, II, 13.

dont parle parfois la Bible, hostile aux déploiements des stratégies de la sédentarisation ! Car, naturellement, le nomade ne construit pas de citernes, puisque au moment où elles seraient pleines, lui-même serait déjà loin. Il dépend entièrement de son Dieu qui fait la pluie et le beau temps, tandis que le sédentaire, lui, prend de la distance, prétendant s'organiser lui-même en étant moins dépendant de la Providence.

L'apologie du nomadisme, si présent dans la Bible, correspond étrangement au destin d'Israël avant l'irruption du sionisme qui présida à la création de l'État d'Israël après la Seconde Guerre mondiale. L'histoire du peuple juif est marquée par des exodes et des exils. Abraham, le père fondateur, quitte d'abord sa ville d'Ur, en Mésopotamie, puis Haran, dans l'actuelle Turquie. Dieu l'invite à rompre les amarres : « Quitte ta terre et ta patrie [...], la maison de ton père, et va vers le pays que je t'indiquerai [1]. » Ici commence la saga d'Israël : après l'épisode de la captivité dans l'Égypte des pharaons, nouvel exode de quarante ans dans le désert du Sinaï ; puis, plus tard, long exil à Babylone sous le joug du fameux Nabuchodonosor ; et, pour finir, dix-neuf siècles de diaspora après que Titus, à la tête des armées romaines, eut détruit le temple de Jérusalem et

1. Gn, XII, 1.

dispersé la nation juive en l'an 70 de notre ère. Pendant ces dix-neuf siècles, fidèles au dépôt de leur foi et à la terre de Canaan, les Juifs dirent et répétèrent : « L'an prochain à Jérusalem... »

Selon Catherine Chalier[1], l'attachement du judaïsme à la nature se serait cependant distendu durant la longue dispersion de la nation juive à travers le monde. L'absence de la mère patrie a fait peu à peu des Juifs des urbains. Commerçants, artisans, artistes, ils ne cultivaient plus la terre. Petit à petit, les fêtes n'exprimèrent plus le cycle des saisons, car « l'exil et l'absence de la terre orientèrent la spiritualité d'Israël vers d'autres urgences que celle d'une méditation sur la nature ». Puis les Juifs repartirent sous la bannière du sionisme dans l'aventure d'une nouvelle conquête – après celle de Josué, trois mille ans plus tôt – d'une terre qu'ils considéraient comme leur. Mais, comme dans l'épopée de Josué, cette terre était déjà occupée. D'où le drame israélo-palestinien qui se perpétue depuis cinquante ans.

Revenus pour faire fleurir le désert, ils célèbrent néanmoins toujours la fête des Cabanes, Souccoth[2]. Pendant Souccoth, les Juifs

1. Catherine Chalier, *L'Alliance avec la nature*, Cerf, 1989.

2. On se reportera sur ce point à mon livre *Fêtes, fleurs et saisons*, Fayard, 1998.

religieux construisent sur leurs toits ou leurs balcons un abri de branchages en souvenir de l'exode, époque où ils nomadisaient dans le désert et où ils n'avaient pas de toit, seulement des tentes. Ils n'avaient alors vécu que de la bénédiction divine. Or le toit fragile de la cabane n'a d'autre protection que la voûte céleste.

Le judaïsme qui se déploie au cours d'une très longue histoire serait-il prophétique au point d'annoncer les futurs épisodes de l'aventure humaine ? À lire les chroniques des règnes de David et Salomon, on serait porté à le croire. Au départ, toujours ce Dieu jaloux qui redoute l'ombre que pourrait lui porter l'institution de la royauté. Le roi d'Israël, c'est Lui ! Tout autre lui serait un rival. Or le peuple hébreu, depuis son retour au pays de Canaan, suite à l'exode au Sinaï et à l'épopée, sans doute largement exagérée, de la prise de Jéricho par Josué, est gouverné par des juges ; Israël veut désormais avoir un roi comme les autres peuples, et demande au prophète Samuel de négocier l'affaire avec Dieu. Naturellement, le Seigneur voit dans ce monarque un compétiteur potentiel. Il finit cependant par céder, non sans mettre en garde Israël contre les dangers de se soumettre à une telle autorité : car ce roi prendra les fils pour la guerre, prélèvera une part des moissons, fera fabriquer par le peuple des armes et des chars. Qu'importe ! Israël insiste : il veut un roi pour « le mener à la guerre et combattre avec eux [1] ».

Le roi désigné était un grand garçon de la tribu de Benjamin, Saül. Son destin fut tragique, car Dieu ne cessa de voir en lui un rival, réclamé par le peuple puis accordé sous son instante pression. C'est en tout cas l'idée que se font les Hébreux de l'état d'esprit du Seigneur, vision toujours outrageusement anthropomorphique. Le roi Saül s'illustra par des succès remportés sur les Philistins, ancêtres des Palestiniens actuels. Déjà ! Mais voici qu'à l'occasion de sa victoire sur les Amalécites, le Seigneur trouva un prétexte pour le destituer. Saül avait en effet conservé le gros et le petit bétail de ses ennemis, ce que la loi juive interdisait formellement. L'attention du Seigneur se porta alors sur le benjamin du fils de Jessé, le jeune berger David, au teint clair. On alla le quérir dans les champs où il gardait son troupeau : toujours cette même prédilection pour les pasteurs !

Lorsque David eut raison du Philistin Goliath et devint le héros d'Israël, Saül, encore roi à l'époque, éprouva une violente jalousie et conçut le projet de tuer David. Mais Jonathan, le fils de Saül, avait noué une affection pro-

1. Voir Samuel, VIII, 11-22.

fonde avec le jeune David. Finalement, son père et lui furent tués à la guerre et David éleva alors au ciel sa célèbre complainte, dite « Le Chant des héros », où figure ce verset célèbre : « Ah, Jonathan, mon frère, pour toi mon cœur défaille, toi dont l'amitié m'était plus précieuse que l'amour d'une femme [1]. » David monte sur le trône, mais n'est pas irréprochable. Il fait tuer, en l'exposant en première ligne des combats, un de ses officiers, Hurie, pour avoir sa femme Bethsabée, qu'il convoitait. De celle-ci naissent deux enfants dont le premier meurt en signe de punition divine, tandis que le second sera appelé à lui succéder : c'est Salomon. Dieu pardonne à David, car il éprouve pour lui une affection particulière, en quelque sorte un faible. Entre Dieu et David, c'est la belle histoire d'un Dieu qui aime et pardonne.

David installe sa capitale à Jérusalem où Salomon construira le Temple, utilisant à profusion, pour ce faire, le bois des cèdres du Liban. Sans doute n'imaginait-il pas que cette forêt finirait par disparaître au point que le cèdre, au Liban, ne figure plus aujourd'hui que sur les drapeaux et les avions, en tant qu'emblème national. Salomon fut un monarque

1. Samuel, I, 26.

prestigieux. Il étendit ses territoires très au nord et très au sud, assimilant et unifiant des populations allogènes. La magnificence du Temple lui vaut un prestige qui dépasse les frontières du royaume. À l'intérieur, au cœur du Saint des Saints, il place l'Arche d'alliance, un coffre contenant les Tables de la Loi reçues par Moïse au Sinaï. À cette occasion, il implore la bonté du Seigneur « du haut où Tu habites, au Ciel ». Sous-entendu : et non dans l'Arche où sont les Tables de la Loi et où on adore Sa présence. Car le Seigneur ne s'y trouve pas enfermé : Lui non plus n'est pas sédentaire !

Mais Salomon, lui, l'est. Il est même urbain, résidant dans un magnifique palais ; sa richesse est légendaire, son pouvoir absolu, et il reçoit de surcroît la science et la sagesse. Il incarne cet « ordre juste » dont les rois étaient, en ces temps lointains, les dépositaires. Il en allait d'ailleurs de même dans l'Égypte des pharaons. Que demander de plus à un monarque, sinon de gouverner et régner au nom de la justice et de la sagesse ?

Pourtant, sur le tard, Salomon se détourna de Dieu en faisant construire des temples pour ses femmes étrangères et pour ses concubines, des sanctuaires dédiés aux dieux étrangers, « ignobles et épouvantables », ainsi que les qualifie la Bible. Ses ambitions démesurées lui suscitent des ennemis. Israël voit là une vengeance du Seigneur. L'hostilité monte à l'égard d'Israël et lorsque Roboam, fils de Salomon, un faible, prend le pouvoir, ses adversaires ne tardent pas à avoir raison de lui. Aussitôt, dix des douze tribus d'Israël se soulèvent en s'écriant : « Que nous importent la maison de David et sa famille. [...] À tes tentes, Israël ! »

Le cycle est bouclé. Du jeune David, choyé par Dieu, au puissant monarque aux vues mondialistes qui a fini par Le renier, des troupeaux du jeune berger, à Hébron, la ville des Patriarches, et à Jérusalem, la métropole du moment, puis de Jérusalem à nouveau aux tentes, David et Salomon résument en quatre-vingts ans une longue histoire qui pourrait être celle de l'humanité entière. Dans sa splendeur et sa richesse, le règne de Salomon évoque l'actuelle civilisation planétaire à son apogée, une civilisation qui boude elle aussi la terre et l'abandonne au profit de la ville.

Or, la Bible se méfie des villes. De Sodome à Babylone, entre tant d'autres, elle ne cesse de les condamner. Jérusalem elle-même le sera dans une célèbre complainte de Jésus pleurant sur elle, dont il pressentait la destruction. Celle-ci advint, de fait, quelques années plus tard.

Et si cette histoire devait se répéter ? Et si tout devait aller de mal en pis ? Lorsque l'humanité arrogante et avide, cupide et idolâtre, aura exploité la terre jusqu'à ses ultimes ressources, et qu'alors le capitalisme mondialisé connaîtra les soubresauts annoncés par l'Apocalypse, y aura-t-il encore assez d'herbe pour nourrir nos cités orgueilleuses en brusque déshérence ? Subsisteront toujours quelques moutons, quelques pasteurs. Ceux-ci, on l'espère, auront sauvé précipitamment un exemplaire de la Bible. Ils y liront la prophétique saga d'Israël.

7

La mutation chrétienne

Jésus était-il écologiste ? Question saugrenue dont la réponse coule de source : Jésus était juif et partageait la culture des juifs de son temps. Toute tentative pour transposer nos concepts aux temps bibliques souffre nécessairement d'anachronisme. Comme les Hébreux, Jésus vivait au cœur d'un triangle parfait dont Dieu était le sommet, les hommes et la nature formant les côtés. Et comme eux sans doute pensait-il que tout déséquilibre survenant entre l'homme et la nature ne pouvait que disloquer cette harmonie. À l'école ou chez ses parents, entouré de ses proches et de sa parentèle, il reçoit l'éducation des jeunes Hébreux de Nazareth. Très tôt il excelle dans la connaissance de l'Écriture. À l'âge de douze ans, il monte à Jérusalem pour célébrer la Pâque juive. Au retour, il se dérobe à l'attention de ses parents qui le cherchent et le retrouvent finalement, au bout de trois jours, au milieu des érudits avec qui il converse dans le Temple : « Tous ceux qui l'entendaient s'extasiaient par l'intelligence de ses réponses. En le voyant, ses parents furent frappés d'étonnement et sa mère lui dit : "Mon enfant, pourquoi as-tu agi de la sorte avec nous ? Vois, ton père et moi nous te cherchons, tout angoissés." Il leur répondit : "Pourquoi me cherchez-vous ? Ne savez-vous pas qu'il me faut être chez mon père ?" Mais eux ne comprirent pas ce qu'il voulait leur dire [1]. »

Jésus reçut donc de ses maîtres, de sa famille et de son milieu l'authentique tradition d'Israël telle qu'exposée au chapitre précédent. Continuité mais très tôt assortie d'une exceptionnelle intelligence du texte sacré. Enfant, il savait déjà qu'il était porteur d'un message, qu'il entretenait avec son Père céleste une relation forte et intime, laquelle irait en s'amplifiant jusqu'à la fin de sa courte mais extraordinaire aventure terrestre.

Le monothéisme se reconnaîtra désormais dans un Dieu trinitaire : Père, Fils et Saint-Esprit. Voici que la diversité si chère aux écologistes se lit dans la nature même de Dieu. Continuité, donc, mais aussi rupture. Car, bien

1. Luc, II, 47-50.

vite, l'enseignement de Jésus s'inscrivit en décalage par rapport à quelques traits majeurs de la tradition juive. Celle-ci postulait que la richesse était le signe de la bénédiction divine. Certes, les pauvres méritaient considération et miséricorde, et les prophètes ne manquèrent jamais de défendre la cause de l'étranger, de la veuve et de l'orphelin. Jésus, lui, va beaucoup plus loin. Il remet en cause la richesse en s'en prenant crûment à l'argent qui la symbolise : « Nul ne peut servir deux maîtres : ou bien il haïra l'un et aimera l'autre, ou bien il s'attachera à l'un et méprisera l'autre. Vous ne pouvez servir Dieu et l'argent[1]. » Pour Jésus, la richesse n'est qu'une garantie éphémère, une sécurité trompeuse : « Il y avait un homme riche dont la terre avait bien rapporté. Il se demandait : que vais-je faire, car je n'ai pas où rassembler ma récolte ? Puis il se dit : Voici ce que je vais faire ; je vais démolir mes greniers, j'en bâtirai de plus grands et j'y rassemblerai tout mon blé et mes biens. Et je me dirai à moi-même : te voilà avec quantité de biens en réserve pour de longues années, repose-toi, mange, bois, prends du bon temps. Mais Dieu lui dit : Insensé, cette nuit même on va te redemander ta vie et ce que tu as amassé, qui donc l'aura ? Voilà ce qui arrive à qui amasse un

1. Matthieu, VI, 24.

trésor pour lui-même au lieu de s'enrichir auprès de Dieu[1]. » On est loin, ici, des préoccupations de notre temps : une société ultrasécuritaire, des assurances pour tout, des contrôles à tout propos, la recherche éperdue du risque zéro... qui, comme chacun sait, n'existe pas.

Jésus s'attache les pauvres et les faibles, et d'abord les petits enfants. Il leur manifeste une affection touchante : « On présentait à Jésus des petits enfants pour qu'il leur donnât sa bénédiction et priât pour eux. Mais les disciples les rabrouèrent. Jésus leur dit : « Laissez venir ces enfants, ne les empêchez pas de venir à moi, car le Royaume des cieux est à ceux qui sont comme eux[2] » et qui n'ont rien d'autre que leur innocence. Mais, à la différence des petits qu'on imagine jouant et tournoyant autour de Jésus, les riches ne parviennent pas à s'attacher durablement à lui. Tel est l'enseignement de la parabole du jeune homme riche : « Voici qu'un homme s'approcha de lui et lui dit : Maître, que dois-je faire de bon pour avoir la Vie éternelle ? Jésus lui dit : Pourquoi m'interroges-tu sur ce qui est bon ? Un seul est bon. Si tu veux entrer dans la vraie vie, garde les

1. Luc, XII, 16-21.
2. Matthieu, XIX, 13-14.

commandements. Lesquels ? lui dit-il. Jésus répondit : Tu ne commettras pas de meurtre, tu ne commettras pas d'adultère, tu ne voleras pas, tu ne porteras pas de faux témoignage, honore ton père et ta mère ; enfin, tu aimeras ton prochain comme toi-même. Le jeune homme lui dit : Tout cela je l'ai observé, que manque-t-il encore ? Jésus lui dit : Si tu veux être parfait, va, vends ce que tu possèdes et donne le prix aux pauvres. Tu auras un trésor dans les cieux ; puis viens et suis-moi ! À cette parole, le jeune homme s'en alla tout triste, car il avait de grands biens [1]. » Cette parabole relaie la sentence qui impose un choix entre Dieu et Mammon.

Jésus n'hésita pas à aller au bout de sa logique : Il « monta à Jérusalem et trouva dans le Temple les marchands de bœufs, de brebis et de colombes, ainsi que les changeurs qui s'y étaient installés. Alors, s'étant fait un fouet avec des cordes, il les chassa tous du Temple, et les brebis et les bœufs ; il dispersa la monnaie des changeurs, renversa leur table et dit aux marchands de colombes : Ôtez tout cela d'ici, et ne faites pas de la maison de mon Père une maison de trafics [2] ! » Sans doute ce coup d'éclat, cette

1. Matthieu, XIX, 16-22.
2. Jean, II, 13-16.

colère précipitèrent-ils sa condamnation et son supplice.

Mais Jésus va beaucoup plus loin que bousculer le rapport à l'argent. Il révolutionne les idées reçues et propose l'enseignement clé de l'Évangile dans les Béatitudes, cœur de son message : « Heureux, vous les pauvres, le Royaume de Dieu est à vous[1]. » Et, dans Matthieu, il précise que cette pauvreté peut être aussi psychologique, morale, spirituelle : heureux les pauvres de cœur – on traduit aussi parfois « en esprit » –, le Royaume des cieux est à eux. Suit alors une série de Béatitudes où sont déclarés heureux ceux qui sembleraient plutôt devoir être plaints. Jésus retourne entièrement les idées communément admises, les vues ordinaires, et prend toutes les certitudes rassurantes à contre-pied : « Heureux les pauvres », et non, comme on pourrait s'y attendre, les gâtés de la vie, les riches ; « heureux les doux », et non pas les vaniteux, les arrogants, les puissants, les grands et petits chefs ; « heureux les affligés », et non pas ceux qui sont exempts de soucis, de problèmes ; « heureux ceux qui ont faim et soif de justice », et non pas ceux qui trafiquent et s'en mettent plein les poches ; « heureux les miséricordieux », et non pas les

1. Luc, VI, 20.

cœurs secs, les durs, les arrivistes ; « heureux les cœurs purs », et non pas les intrigants, les magouilleurs, les tricheurs ; « heureux les artisans de paix », et non pas les provocateurs, les marchands d'armes, les profiteurs ; « heureux les persécutés pour la justice », et non pas les tire-au-flanc, les couards, les pistonnés... Et le discours s'achève par cette invite : « Réjouissez-vous, soyez dans l'allégresse, car votre récompense est grande dans les cieux [1]. » À quoi s'ajoutent encore ces autres paroles : « Heureux les derniers, ils seront les premiers. » Lao-tseu ne disait pas autre chose. Heureux le pauvre Lazare méprisé par le mauvais riche et qui doit se contenter des miettes tombées de sa table. Dans tous ces cas, Jésus retourne la loi du plus fort au profit du plus faible.

Inscrivant leurs pas dans le sillage du Seigneur, les premiers chrétiens s'inspirèrent dans leur vie des paroles du Maître et de son exemple. Lui, qui « n'avait pas une pierre où reposer sa tête », parcourut pendant un peu moins de trois ans la Galilée et la Judée de village en village, de maison en maison, nomadisant à son tour à l'instar des patriarches et des prophètes d'Israël. Et l'on conçoit, à la lecture de ces textes choisis parmi tant d'autres, que

1. Matthieu, V, 3-12.

l'aventure chrétienne ait exigé une mutation du cœur, au demeurant guère compatible avec une vie trop confortablement installée, assurant le nécessaire mais surtout le luxe, le superflu, la satisfaction de désirs toujours stimulés par la convoitise d'une richesse partout promise et étalée. Le chrétien qui suit Jésus reçoit tout de lui, comme le nomade de l'Ancien Testament. Dans le « Notre-Père », la prière que Jésus enseigne à ses fidèles, le chrétien demande humblement son pain quotidien, le pain « de ce jour ». Non point des greniers remplis, des récoltes fécondes, de riches vendanges. Seulement ce pain offert au jour le jour, comme il en fut de la manne tombée du ciel que les Hébreux récoltaient chaque matin dans le désert du Sinaï et dont ils se nourrirent durant l'exode.

La manne recueillie d'un jour à l'autre, le pain quotidien reçu chaque jour, sans thésauriser, c'est aussi le gibier et le poisson prélevés quotidiennement par les Indiens pour nourrir leur famille sans jamais faire de provisions. Les hippies avaient à l'époque fait de Jésus l'un des leurs. Peut-être avaient-ils perçu ce qui, dans sa manière d'être et de faire, le rapprochait en effet de ces peuples premiers dont ils recueillaient les enseignements, quitte à rompre avec une Amérique ultracapitaliste, technicisée et consumériste.

Mais c'est l'admirable parabole des oiseaux du ciel et des lis des champs qui exprime le mieux l'authentique sensibilité chrétienne. Matthieu la situe sitôt après la condamnation de l'argent. Il enchaîne : « Voilà pourquoi je vous dis : Ne vous inquiétez pas pour votre vie de ce que vous mangerez, ni pour votre corps de quoi vous le vêtirez. La vie n'est-elle pas plus que la nourriture, et le corps plus que le vêtement ? Regardez les oiseaux du ciel : ils ne sèment ni ne moissonnent, ils n'amassent point dans les greniers ; et pourtant, votre Père céleste les nourrit ! Ne valez-vous pas beaucoup plus qu'eux ? Et qui d'entre vous peut, à force de soucis, prolonger tant soit peu son existence ? Et du vêtement, pourquoi vous inquiéter ? Observez les lis des champs, comme ils croissent. Ils ne peinent ni ne filent, et je vous le dis : Salomon, dans toute sa gloire, n'a jamais été vêtu comme l'un d'eux ! Si Dieu habille ainsi l'herbe des champs qui est là aujourd'hui et puis demain sera jetée au feu, ne fera-t-Il pas bien plus pour vous ? Ne vous inquiétez pas en disant qu'allons-nous manger ? qu'allons-nous boire ? de quoi allons-nous nous vêtir ? Tout cela, les païens le recherchent sans répit. Il sait bien, votre Père céleste, que vous avez besoin de toutes ces choses. Cherchez d'abord le Royaume et la justice de Dieu, et tout cela vous sera donné par surcroît. Ne vous inquiétez donc pas pour le lendemain. Le lendemain s'inquiétera de lui-même. À chaque jour suffit sa peine[1]. »

Aucune des grandes religions n'a exprimé d'une manière aussi claire une attitude de liberté et d'abandon dans les mains de Dieu. L'Évangile relaie ici étonnamment l'attitude de sobriété et de distance à l'égard des biens matériels si courante dans le bouddhisme et le taoïsme. Mais une sobriété joyeuse, car Jésus ne refuse pas un bon repas chez des amis ; il apprécie les biens de la terre, mais en fait un usage parcimonieux. Ce n'est pas un ascète, il va à des noces, aime la vie. Mais les valeurs matérielles sont secondes ; l'Esprit est premier, et la recherche du Royaume de Dieu, la communion avec le Père sont absolument prioritaires.

Que reste-t-il, après les Béatitudes, des fameuses injonctions à dominer la Création et à la soumettre ? Quel regard porter désormais sur les versets litigieux de la Genèse cités plus haut ? La domination est une idée étrangère à Jésus ; les versets contestés sont dépassés, effacés. Jésus n'est pas un homme de pouvoir. Il lave les pieds de ses apôtres et se fait serviteur. Il pousse à l'extrême le message d'amour

1. Matthieu, VI, 25-34.

implicite ou explicite dans les traditions spirituelles qui l'ont précédé. Dans l'Évangile de Jean, c'est un torrent d'amour qui se déverse sur l'humanité. « Je vous ai dit cela pour que ma joie soit en vous et que votre joie soit parfaite. Voici mon commandement : Aimez-vous les uns les autres comme je vous ai aimés. Nul amour n'est plus grand que celui de qui se dessaisit de sa vie pour ceux qu'il aime[1]. » L'amour n'a pas de frontière ; il va jusqu'à « aimer ses ennemis ».

Toujours ces mots forts, ces propos lapidaires qui claquent comme un drapeau au grand vent. L'amour n'a pas de limites, il s'adresse à tous. Aux Juifs, d'abord, mais aussi à leurs pires ennemis, les Samaritains, les percepteurs, les prostituées, les soldats romains, les étrangers. On a pu dire de l'islam qu'elle était la religion de la foi, du judaïsme la religion de l'espérance dans l'attente du Messie, et du christianisme la religion de l'amour. Bousculer à ce point les normes et les codes de la loi juive en poussant l'audace jusqu'à guérir des malades le jour du shabbat, qui devait être strictement chômé, ou jusqu'à accepter qu'une prostituée lui lave les pieds de ses larmes et de ses cheveux, ou encore jusqu'à

1. Jean, XV, 11-13.

soustraire à la lapidation une femme adultère, voilà qui ne pouvait que susciter la colère des autorités religieuses, très pointilleuses sur l'observance, « à la lettre », des prescriptions de la Torah.

D'où ses propres invectives contre les scribes et les pharisiens. Les scribes étaient les gardiens vétilleux des prescriptions de la Loi juive. Jésus dénonce ce qui semble bien constituer à ses yeux un excès de pouvoir : « Vous qui chargez les hommes de fardeaux accablants et qui ne touchez pas vous-mêmes d'un seul de vos doigts à ces fardeaux [1]. » Ainsi se trouvait dénoncée l'irrépressible tentation des autorités religieuses, de tous temps, de « charger la barque » des pauvres fidèles.

On sait ce qu'il lui en coûta : Le procès, la condamnation, l'abominable supplice de la Croix, devenu du coup le symbole du ralliement des chrétiens.

Pour le non-croyant, l'histoire s'arrête là. Mais, pour celui qui a misé sa vie sur Jésus, elle se parachève par la Résurrection au matin de Pâques. Un matin de printemps où la Terre et le Ciel sont à jamais réconciliés.

---

1. Luc, XI, 46.

Et l'écologie, dans tout cela ? On retient d'abord l'invitation à une vie sobre, valeur fondatrice, car la richesse épuise les ressources de la planète. On retient aussi l'hommage aux fleurs et aux oiseaux, qui révèle une âme sensible aux beautés de cette nature que, chaque jour, à la synagogue, Jésus célébrait et glorifiait en chantant les Psaumes ; mais aussi le merveilleux chant de gloire et de bénédiction en l'honneur du Créateur qu'entonnèrent les trois jeunes enfants que, sur ordre du cruel Nabuchodonosor, on précipita dans une fournaise attisée par « le naphte, l'étoupe et les fagots » : « Mais le messager du Seigneur descendit dans la fournaise auprès d'Azarias et de ses compagnons. Il écarte la flamme. Il souffle en son milieu une brise rafraîchissante comme une rosée, si bien que le feu ne les atteint pas et ne leur cause ni brûlures ni angoisses. » Cet hymne au Seigneur est l'un des plus beaux de la Bible. En quarante versets, les enfants célèbrent la gloire des anges, des éléments, pluie et vent, éclair et nuée, glace et neige, mais aussi de tous les habitants de l'air, de la terre et des eaux, et, pour finir, de l'homme même [1]. Ce chant merveilleux, Jésus le psalmodiait aussi à la synagogue.

1. Dan, III, 49-90.

Quant à la nature, elle est le milieu dans lequel il évolue. Ses paraboles évoquent les vignes, les blés, l'herbe des champs, les figuiers, mais aussi, et avec une prédilection particulière, les moutons dont il est le bon berger : toujours cette prédilection pour les conducteurs de troupeaux. Mais, ici, c'est lui, fils de Dieu, qui assume la protection de la bergerie et des bêtes. Non point que les chrétiens soient des moutons : ils se tiennent libres et responsables devant Dieu !

Jésus sanctifia le monde végétal dans lequel il vivait comme jamais personne avant lui ne l'avait encore fait, assimilant le pain issu du blé à son propre corps, le vin issu de la vigne à son propre sang. Ce double symbole végétal devient le signe d'une communion intime offerte par le Christ à tous les hommes : message d'amour, de paix, d'universalité. L'huile d'olive aussi est sanctifiée ; elle servait déjà à l'onction conférant aux rois la protection divine dont ils se devaient d'être les garants pour leur peuple. Elle servit plus tard aux sacrements de baptême, de confirmation, d'ordination et d'onction aux moribonds. Toute la liturgie chrétienne est comme enchâssée dans la nature qu'elle célèbre.

Comme dans toutes les religions du monde, la liturgie a pour objet la paix de l'univers par la réconciliation avec Dieu, l'union du Ciel et de la Terre. De fait, le cycle des fêtes comme le déroulement de la messe sont incompréhensibles si on ne les saisit pas dans leur signification proprement cosmique. La fête de Pâques, relais de la Pâque juive, est célébrée le dimanche d'après la première pleine lune de printemps. Le soleil traverse alors le signe du Bélier, figurant pour les chrétiens l'agneau de Dieu qui vient ôter les péchés du monde. La fête de saint Jean-Baptiste, celui qui annonce le Christ en disant « Il faut qu'il grandisse pour que je diminue[1] », a lieu le 24 juin, trois jours après le solstice d'été, lorsque le soleil entame son déclin. Noël est de même fixé trois jours après le solstice d'hiver, symbole du tout début de la renaissance du soleil[2]. Et la Toussaint est au cœur de l'automne, lorsque la nature se meurt. Le cycle journalier est honoré tout comme le cycle annuel : dans tous les monastères du monde, les moines chantent les heures, les matines au cœur de la nuit, puis laudes, tierce, sexte, none, vêpres et complies avant le grand silence de la nuit.

---

1. Jean, III, 30.
2. On se reportera sur l'ensemble de ces thèmes à mon livre *Fleurs, fêtes et saisons*, *op. cit.*

Signe fort, aussi, que celui de la croix. Les Pères de l'Église ont vu dans le bois du supplice le symbole qui renoue avec l'Arbre de vie du jardin d'Éden, symbole de Vie éternelle. Car avec la mort du Christ et sa résurrection, l'homme recevait à nouveau la promesse de cette vie au-delà de la mort.

À l'époque mérovingienne, à Poitiers, la reine Radegonde choisit comme père spirituel le poète Venance Fortunat. Radegonde fut l'une des grandes figures du premier millénaire. Belle-fille de Clovis dont elle avait épousé le fils Clothaire II, elle laissa le souvenir de son étrange pouvoir sur les animaux. Fortunat exalte l'arbre de la croix, sauveur du monde, auquel il reconnaît une dimension cosmique :

> « Le corps débonnaire est perforé, les flots de
> [sang ruissellent.
> Terres, mers, astres, le monde entier est lavé.
> Croix fidèle entre toutes, arbre de noblesse
> [unique.
> Nulle forêt ne produit de telles fleurs et fruits. [...]
> Fléchis tes branches, grand arbre, relâche le
> [corps tendu,
> N'écartèle pas ainsi les membres du Roi très
> [haut[1]. »

---

1. *In* Hélène et Jean Bastaire, *Le Cantique féminin de la Création*, Cerf, 2006.

Dès les premiers siècles du christianisme, les chrétiens envisageaient l'humanité et le cosmos en étroite imbrication, bien loin de l'individualisme piétiste apparu avec la seconde moitié du deuxième millénaire et dont le maître mot témoigne d'un étrange resserrement : « Je n'ai qu'une âme qu'il faut sauver. »

La liturgie de la messe catholique s'inscrit entièrement dans l'ordre du cosmique. Elle fait intervenir les quatre éléments : « La terre fournit la pierre sacrée de l'autel, le feu sert à allumer les cierges et à brûler l'encens, l'eau est présente pour symboliser notre humanité, mêlée au vin du calice, l'air est le véhicule de l'encens [1]. » La vie et le travail des hommes sont présents dans le pain et le vin. Selon saint Irénée de Lyon, évêque du IIe siècle, avec l'eucharistie, la Création entière est récapitulée et offerte à Dieu. Avec l'offrande du pain et du vin, c'en est fini des sacrifices sanglants offerts au temple de Jérusalem en souvenir du bélier offert par Abraham aux lieu et place d'Isaac, son fils que Dieu lui avait demandé de Lui sacrifier pour mettre sa foi à l'épreuve. Ce seront désormais les fruits de la vigne et de la moisson qui s'y substitueront, signe d'une alliance nouvelle qui renoue avec l'alliance

---

1. In *L'Écologiste*, n° 9, fév. 2003.

première, celle où il est dit, sitôt après le premier récit de la Création : « Voici que je vous donne en nourriture toute l'herbe semant sa graine à terre, et tous les arbres dont les fruits portent une semence[1]. » L'autorisation d'une nourriture carnée, nous l'avons vu, ne vint que bien plus tard, dans l'alliance conclue avec Noé après le Déluge[2].

La dimension cosmique du christianisme, si difficile à percevoir dans notre monde désacralisé, est omniprésente dans l'Évangile de Marc, le plus ancien, et chez saint Paul, comme le soulignent Hélène et Jean Bastaire[3]. Marc situe l'épisode du retrait de Jésus au désert, après son baptême, dans une unité cosmique : « Jésus était avec les bêtes sauvages et les anges le servaient[4]. » Il occupe donc la position centrale de médiateur entre les créatures angéliques et les créatures non humaines. Il annonce ainsi la réconciliation autour de l'homme de tous les membres de la famille de Dieu. Marc fait dire aussi au Christ, à la veille de son ascension : « Allez par le monde entier,

---

1. Gn, I, 29.
2. Gn, IX, 3.
3. Hélène et Jean Bastaire, *Pour une écologie chrétienne*, Cerf, 2004.
4. Marc, I, 13.

proclamez l'évangile à toutes les créatures[1]. » Et pas aux hommes seulement. Ce texte est repris dans l'épître de Paul aux Colossiens qui indique que l'Évangile « a été proclamé à toutes les créatures sous le ciel[2] ». Paul évoque aussi la dimension cosmique du salut, voyant « l'Univers entier réuni sous un seul chef, le Christ, ce qui est dans les cieux et ce qui est sur la terre[3] ». Et encore : « Dieu s'est plu à faire habiter en Lui toute la plénitude, et par Lui à réconcilier tous les êtres aussi bien sur la terre que dans les cieux[4]. »

Voici donc le christianisme exonéré du reproche d'avoir dénaturé la nature. Elle est en réalité en son cœur, même si cette dimension est, dans le christianisme contemporain plus centré sur l'homme, moins perceptible qu'en d'autres temps. On connaît le zèle mis par les missionnaires des premiers siècles à christianiser les lieux de culte païens et à éradiquer leurs idoles. D'où ce reproche, si souvent adressé au jeune christianisme, d'avoir « désenchanté » le monde. Mais, à ses yeux, si Dieu est en tout, tout n'est pas Dieu. Encore

1. Marc, XVI, 15.
2. Colossiens, I, 23.
3. Éphésiens, I, 10.
4. Colossiens, I, 18-20.

jeune mais déjà viril, le monothéisme entendait bien éliminer toute trace de panthéisme. Les conquistadores adoptèrent la même attitude face aux Indiens : pas de quartier pour les idoles ! D'autres attitudes, plus respectueuses, eussent sans doute été possibles et souhaitables. Mais tel était l'esprit du temps.

Pourtant, dès les premiers siècles du christianisme, l'Église a considéré comme hérétique tout ce qui procédait d'une gnose dualiste qui, chez Marcion ou Mani, père du manichéisme dans l'Antiquité, ou chez les Cathares au Moyen Âge, opposait un Dieu bon, étranger à ce monde, à un Dieu mauvais, responsable de l'univers créé. Contre une telle vision, la tradition chrétienne a toujours maintenu l'excellence de la Création, jugée dès l'origine, dans la Genèse, comme bonne et même très bonne. Vision résolument optimiste d'une nature qui pourtant sait parfois se montrer cruelle et adverse.

Cette amitié vis-à-vis du monde vivant se traduit par les douces épousailles de tant d'ermites et de Pères de l'Église avec la grande faune sauvage[1]. Très tôt, en effet, aux deux

1. Les citations qui suivent sont extraites de l'ouvrage d'Hélène et Jean Bastaire, *Le Chant des créatures*, Cerf, 1996.

extrémités du monde chrétien, se lèvent des courants mystiques nourris par un amour et un respect profonds de la nature. À l'Est, dans les déserts de Syrie, de Palestine et d'Égypte, des hommes manifestent aux animaux l'affection que leur portera, près d'un millénaire plus tard, François d'Assise. Ainsi Macaire l'Égyptien, anachorète du IVe siècle, dont la légende nous apprend qu'il guérit le petit d'une hyène en lui rendant la vue. L'histoire des Pères du désert fourmille de tels événements merveilleux, d'une grande portée symbolique. Ainsi du fauve redoutable dont Isaac le Syrien faisait sa compagnie au VIIe siècle. L'accès au divin passe, chez ces Pères du désert, comme tout naturellement, par un contact étroit et fraternel avec la nature. Pour Isaac, l'humble de cœur verra « les fauves s'approcher de lui comme de leur mère ; ils remuent la tête, lèchent ses mains et ses pieds, car ils ont senti, émanant de lui, cette odeur qu'exhalait Adam avant la transgression, et que Jésus nous rend par son avènement[1] ». C'est pourquoi Isaac a « un cœur qui brûle pour toute la Création, pour les hommes, les oiseaux, les bêtes, les démons et toutes les créatures ; il prie même pour les serpents ». Et il poursuit : « Un cœur compa-

1. Jean-Christophe Rufin a repris ce titre dans *Le Parfum d'Adam*, Flammarion, 2007.

tissant brûle pour les hommes, les oiseaux, pour les bêtes, pour les démons, pour toutes les créatures. Si forte et si violente est sa compassion que son cœur se serre et qu'il ne peut supporter le moindre mal ou la moindre tristesse au sein de la Création. » Aussi prie-t-il en larmes à toute heure, pour tous.

Les lions aussi sont très en cour. Auprès des ermites, ils deviennent végétariens et se nourrissent de pois chiches et de dattes ! En voici même un qui garde les laitues du moine... pour les protéger des chèvres errantes ! Le lion de Gérasime, au désert du Jourdain, protège l'âne de son bienfaiteur et le remplace au besoin. Au désert du Sinaï, Siméon l'Ancien rencontre un anachorète auquel un autre lion apporte régulièrement des dattes. C'est mon frère, dit le solitaire.

En Occident, un ermite italien a un ours qu'il appelle son frère et qu'il emploie à conduire chaque jour ses brebis au pâturage. Belle leçon à méditer pour les ours slovènes des Pyrénées ! Aventin de Troyes ôte une grosse épine de la patte d'un ours qui se roule de plaisir à ses pieds ; il remet aussi à l'eau les poissons qu'on lui donne, et sauve une biche des chasseurs, car les saints ermites n'aiment pas la chasse.

À l'autre extrémité du monde chrétien, en Irlande, les moines nourris de la tradition celtique qu'ils baptisent, chantent aussi la gloire de Dieu à travers la beauté de Ses créatures. De Scot Érigène au moine Colomban, ce n'est qu'histoires merveilleuses où la familiarité des ours, des cerfs ou des oiseaux fait partie du quotidien. Retirés en solitude, les ermites vivent dans l'intimité de la nature : « Saint Moling avait l'amitié d'une mouche, d'un roitelet et d'un chat. La mouche suivait ligne à ligne les textes que le saint lisait et s'arrêtait quand son attention faiblissait, le gardant ainsi du sommeil. »

On croit entendre le prophète Isaïe dans sa sublime évocation de la fin des temps où la nature elle-même sera réconciliée :

« Le loup vivra avec l'agneau,
Le tigre gîtera près du chevreau,
Le veau et le lionceau seront nourris ensemble,
Et un enfant les conduira,
La vache et l'ours auront même pâture, leurs
[nouveau-nés étroitement mêlés,
Le lion et le bœuf mangeront de la paille,
Le nourrisson jouera près du repère du cobra
[et dans l'antre de la vipère il plongera la
[main [1]. »

1. Isaïe I, XI, 6-8.

Mais le cœur de l'Orient chrétien lui-même n'échappe pas à ce mouvement traditionnel de la louange chrétienne. Vers l'an mil, Syméon le nouveau théologien dissipe les tentations néoplatoniciennes et les réticences de l'augustinisme. Il évoque la flamboyance fulgurante de la Terre nouvelle et des Cieux nouveaux : « De même que nos corps dissous ne sont pas dans le néant pour ne plus avoir aucun genre d'existence et sont renouvelés par la Résurrection, de même aussi le Ciel et la Terre, et tout ce qu'elle renferme, c'est-à-dire l'ensemble de la Création, seront renouvelés et délivrés de la servitude, de la corruption. Ces éléments auront part avec nous à l'éclat de l'au-delà. » Une opinion que partagera Luther quelques siècles plus tard. Parlant des animaux venimeux, il écrit : « Non seulement ils ne seront plus nuisibles, mais ils seront aimables, joyeux, agréables à voir et nous jouerons avec eux ! »

Mais il serait injuste de ne pas évoquer l'apport irremplaçable des femmes dans cette chaîne historique continue qui lie le christianisme à la Création. Au XIIe siècle, Hildegarde de Bingen insiste sur la responsabilité de l'homme dans la détérioration de la nature. Elle prophétise littéralement la crise écologique quand elle écrit : « Maintenant, tous les vents sont remplis de la pourriture du feuillage, l'air crache de la saleté à tel point que les hommes ne peuvent même pas ouvrir la bouche comme il faut, la force verdoyante s'est fanée à cause de la folie impie des foules humaines aveugles [...] » Et, plus loin, elle parle de la nature « bouleversée » qui « perd son équilibre et inflige aux hommes de grandes et nombreuses tribulations afin que l'homme, qui s'était tourné vers le Mal, soit par elle châtié [...]. La Terre ne doit pas être blessée, la Terre ne doit pas être détruite. Chaque fois que les éléments de la Terre seront violés par de mauvais traitements, Dieu les purifiera par des souffrances, par des tribulations du genre humain. Toute la Création est donnée par Dieu à l'humanité pour qu'elle l'utilise. Mais, en cas d'abus de ce privilège, la justice de Dieu permet à la Création de punir l'humanité ». Notons combien ces propos de la grande Hildegarde sont de la plus haute actualité ! Le réchauffement climatique, généré par l'émission des gaz à effet de serre produits par l'homme, illustre ce propos : la nature nous « punit » bel et bien pour nos excès.

Contemporain d'Hildegarde, Bernard de Clairvaux lit mieux Dieu dans la nature et dans les arbres que dans les traités de théologie. Dans son livre sur l'amour de Dieu, il écrit : « Je pense que tu peux réussir à extraire de la roche quelque chose à propos de la charité que tu ne pourrais obtenir du génie profond contenu dans les bibliothèques des maîtres. Tu apprendras à l'ombre des arbres ce que tu ne peux apprendre à l'école. »

Quant à François d'Assise, il ébranle durablement la pensée chrétienne de son époque, la ressourçant à la tradition constante de la louange des créatures, à laquelle il confère une dimension jusque-là inégalée. Sa vie illustre admirablement cette conviction profonde de l'orthodoxie selon laquelle on ne saurait être théologien sans être d'abord mystique. Aussi se méfie-t-il des théologiens disputeurs et raisonneurs, comme d'ailleurs des universités qui voient le jour à son époque, dans lesquelles son jugement sévère ne voit qu'exaltation d'une vaine gloire... Lui, cherche et trouve Dieu immédiatement dans la nature et la lecture de l'Écriture sainte. On sait à quel point la tradition franciscaine inspira des siècles durant le christianisme occidental, et l'on n'en finirait pas de citer ses innombrables émules qui nous laissèrent sur le sujet des textes émouvants, au point qu'Ernest Renan a pu dire de François qu'« il fut le seul vrai chrétien depuis la mort du Christ ». N'est-il point le seul, en effet, à avoir réussi le tour de force de réunir autour de son nom, à Assise, le 27 octobre 1986, les plus hauts responsables des douze principales confessions religieuses du globe à l'invitation de Jean-Paul II ?

Pour souffler après ce long parcours à travers le christianisme du premier millénaire et l'évocation de ces figures hautes en couleur, écoutons François chanter, un an avant sa mort, son admirable « Cantique des créatures ». Voici ce qu'il dit de la nature :

« Loué sois-tu, Seigneur, dans toutes tes
[créatures
Spécialement messire frère Soleil
Par qui Tu nous donnes le jour, la lumière ;
Il est beau, rayonnant d'une grande splendeur,
Et de Toi, le Très-Haut, il nous offre le
[symbole.

Loué sois-tu, mon Seigneur, pour sœur Lune et
[les Étoiles :
Dans le ciel Tu les as formées,
Claires, précieuses et belles.

Loué sois-Tu, mon Seigneur, pour frère Vent
Et pour l'air et pour les nuages,
Pour l'azur calme et tous les temps :
Par eux Tu donnes soutien à toute créature.

Loué sois-Tu, mon Seigneur, pour sœur Eau
Qui est très utile et très humble,
Précieuse et chaste.

Loué sois-Tu, mon Seigneur, pour frère Feu
Par qui tu éclaires la nuit :
Il est beau et joyeux,
Indomptable et fort.

Loué sois-Tu, mon Seigneur, pour sœur notre
[mère la Terre
Qui nous porte et nous nourrit,
Qui produit la diversité des fruits,
Avec les fleurs diaprées et les herbes.

Louez et bénissez mon Seigneur,
Rendez-Lui grâce et servez-Le en toute
[humilité ! »

Judaïsme et christianisme ont bien en commun une ultime promesse de joie, de paix et d'amour pour une humanité et une nature en Dieu réconciliées.

DEUXIÈME PARTIE

Ruptures et tensions au cours du deuxième millénaire

8

La nature dénaturée : vers la religion de la science

Nous sommes en 1225. François d'Assise a quarante-quatre ans. Il mourra un an plus tard, le corps épuisé par les ascèses et les macérations qu'il lui a infligées. Tel était l'esprit du temps. Il regretta d'ailleurs, sur le tard, d'avoir autant maltraité « son pauvre bourricot », pourtant lui aussi créature de Dieu.

En Italie, cette année-là, à Aquino naquit Thomas d'Aquin. L'œuvre du « docteur Angélique », presque contemporain de François, marque un certain recul vis-à-vis de l'ardente célébration de la Création par le pauvre d'Assise. Thomas prend ses distances à l'égard des animaux qu'il exclut de la résurrection : « Chez les bêtes, il n'existe aucun appétit d'être perpétuel, sinon le désir de la permanence de l'espèce, désir qui se manifeste par l'instinct génésique grâce auquel l'espèce se perpétue[1]. » Mais, au fond, qu'en sait-il ? Le docteur Angélique avait-il un chien avec qui il aurait partagé ses affections ? Certes, Thomas a raison d'écrire : « Il est vraisemblable que si l'on éprouve un tel sentiment de pitié à l'égard des animaux, on s'en trouve favorablement disposé à le ressentir envers les hommes. » La chose est bien vue, et il est vrai que la sensibilité à la nature engendre tout naturellement la sensibilité aux êtres de notre espèce. Pourtant, il marginalise le monde animal lorsqu'il écrit encore : « Par la divine Providence, selon l'ordre naturel des choses, les animaux sont à l'usage de l'homme. » Fort bien, dira-t-on, mais jusqu'à quel point, et jusqu'où doit-on aller dans l'utilisation des animaux ?

Thomas ne se dérobe point à la question : « Il y a en Dieu une manière d'être qui fait qu'Il prend soin de toutes les créatures, aussi bien des plus petites que des plus grandes. Nous devons nous aussi prendre soin des créatures, quelles qu'elles soient, afin de nous servir de chacune d'elles selon que Dieu l'a réglé, si bien qu'au jour du jugement elles ne rendent pas témoignage de notre malice[2]. » On créditera Thomas de ces propos et l'on se gardera de

---

1. Thomas d'Aquin, *Somme théologique*, Cerf, 1984.
2. Thomas d'Aquin, Des mœurs divines, in *Opuscules*, T. VII, Vivès, 1958.

lui imputer une responsabilité exclusive dans la fâcheuse évolution qui se produisit par la suite dans les rapports du christianisme et de la nature. Au soir de sa vie, le docteur Angélique laissa sa plume et ses livres, et, ravi en contemplation, devint, comme le fut François, un mystique. Comme alors il refusait de dicter quoi que ce fût à son secrétaire Réginald, nous ne saurons jamais quelles pensées l'auront occupé à la fin de sa vie. Ravi en Dieu, il ne songeait pas même à la pérennité de son œuvre, conseillant à son secrétaire de brûler ses livres qui ne valaient pas plus, à ses yeux, « que la paille et le foin ».

Avec Thomas apparaissent les signes avant-coureurs d'un divorce qui ne cessera de s'accentuer depuis lors, pour aboutir à une rupture radicale, au moins en Occident. Une évolution au sujet de laquelle la pensée contemporaine commence seulement à s'interroger et que l'Orient, plus fidèle à nos origines communes, maintiendra dans la droite ligne de la réflexion des Pères de l'Église, ainsi qu'en témoigne le beau livre du patriarche Ignace d'Antioche[1].

---

1. Ignace IV d'Antioche, *Sauver la Création*, Desclée de Brouwer, 1989.

Thomas s'était inspiré de la philosophie d'Aristote que son époque redécouvrait sous l'influence de l'Espagne musulmane, fidèle conservatrice des œuvres des philosophes grecs. Pour Aristote, « les êtres qui n'ont que la vie, comme les plantes, existent tous, pris ensemble, en vue des animaux ; et les animaux eux-mêmes sont ordonnés à l'homme. [...] Dans la hiérarchie des êtres, ceux qui sont imparfaits sont créés pour les parfaits ». D'où Thomas conclut : « Si Dieu conserve la vie des animaux et des plantes, ce n'est pas pour elle-même, mais pour l'usage de l'homme. » Propos qui choqueront les tenants de l'écologie, surtout de la *deep ecology*, l'écologie profonde, courant d'essence anglo-saxonne qui postule une stricte égalité entre tous les êtres qui peuplent le monde, l'homme y compris.

Contemporain de Thomas, le franciscain anglais Roger Bacon s'insinue dans la brèche. Certes, ce grand maître des universités d'Oxford et de Paris croit en l'illumination intérieure et spirituelle. Mais, à l'égard de la nature, doit se développer une expérimentation extérieure, fondée sur l'observation et l'utilisation d'instruments techniques. Il définit ce procédé comme la « science expérimentale ». Sans doute les plus anciens parmi nous qui préparèrent leur baccalauréat en sciences Ex ignoraient-ils l'origine de cette expression. Selon Bacon, « s'il se trouve un homme qui n'ait d'autre ambition que d'étendre l'empire et la puissance du genre humain tout entier sur l'immensité des choses, cette ambition, on conviendra qu'elle est plus pure, plus noble et plus auguste que toutes les autres. Or l'empire de l'homme sur les choses n'a d'autres bases que les arts et les sciences ».

Ainsi émerge une nouvelle manière de percevoir la nature, manière que l'on qualifierait aujourd'hui d'« objective », séparant le sujet, l'observateur, de l'objet, la nature. Avec Roger Bacon, l'Occident signe l'acte de naissance de la science telle que nous la concevons aujourd'hui.

Toujours au cours du même XIIIe siècle, cette toute neuve autonomie de la science sera confirmée par l'éminent dominicain de Cologne, Maître Albert, dit le Grand. Enseignant à la Sorbonne, il laissa à Paris son nom à la place Maubert toute proche : Maubert est la contraction de Maître Albert. Pour Albert, alchimiste éminent et patron des pharmaciens, « lorsqu'il est question de foi, il faut croire le théologien Augustin, mais il est préférable de faire confiance au médecin Hippocrate lorsqu'il s'agit de médecine et au physicien Aristote lorsqu'on parle de physique ».

Non loin de la place Maubert, Notre-Dame de Paris est alors en construction. Le gothique se substitue au roman. Les églises romanes symbolisaient un homme en parfaite harmonie avec la nature. Sortes de microcosmes reflétant le macrocosme, ces églises donnent l'impression de lover l'homme dans un cocon protecteur. L'arc roman dessine comme une kippa ou une calotte d'évêque. Il symbolise à la fois la voûte céleste et la protection divine. Rien de tel avec le gothique qui s'élance vers le haut, vers le Ciel, vers Dieu, laissant la nature à ras du sol, en bas. Ainsi l'architecture de nos églises et de nos cathédrales signe symboliquement l'importante évolution de la pensée chrétienne du XIIe au XIIIe siècle.

C'est paradoxalement un franciscain, Guillaume d'Ockham, qui porta un coup fatal à la vision romane traditionnelle. À ses yeux, les réalités matérielles, les seules à être immédiatement perceptibles, ne révèlent rien, sinon elles-mêmes. Concepts et idées que l'on émet à leur sujet n'ont aucune existence. Ce ne sont que des noms : d'où le mot « nominalisme » pour désigner cette théorie qui fit grand bruit à l'époque. La voie scientifique est désormais grande ouverte pour explorer les choses. Aux yeux d'Ockham, la science peut exprimer sa prétention à être seule en mesure de rendre compte du réel. Plus de contact entre ce réel aisément perceptible et l'au-delà ! Avec Ockham naît le positivisme occidental : seule la raison raisonnante permet l'approche des réalités. Foin des mythologies et du symbolisme, pourtant l'essence même de toutes les religions !

Dante, heureusement, jette un pavé dans la mare : il clôt *La Divine Comédie* par son célèbre hommage à l'amour qui « meut le soleil et les autres étoiles ». À la charnière des XVe et XVIe siècles, Léonard de Vinci concrétise le rêve de Bacon en associant dans son œuvre, comme ce dernier le préconisait, les arts, les sciences et, pourrait-on ajouter, les techniques. Pour lui, « la science est une seconde création de la nature, créée par la raison, et l'art une seconde création produite par l'imagination ». On connaît les célèbres toiles de Léonard, mais on se souvient moins de ses extraordinaires machines, modèles de technicité pour l'époque.

Attardons-nous un instant sur ce génie absolu que fut le grand Léonard : qui, mieux que lui, illustre la découverte du professeur Roger Sperry, prix Nobel de médecine, selon laquelle nos deux hémisphères cérébraux n'assument pas exactement les mêmes fonctions ? L'hémisphère gauche, analytique, déductif, logique, rationnel, explique le réductionnisme et le matérialisme propre à la science contemporaine. L'hémisphère droit, au contraire, est synthétique, intuitif, sensible, poétique et mystique. L'existence de cette dissymétrie conduit évidemment à souhaiter que les deux hémisphères fonctionnent en symbiose, comme les deux jambes s'équilibrent l'une l'autre dans la marche des bipèdes. Mythes et symboles s'allieront alors aux sciences et techniques, comme chez Léonard... Vaste programme !

Au siècle suivant, la nature est toujours présente dans l'acception qu'en fait précisément le cerveau droit. Montaigne et Ronsard, deux contemporains, s'expriment à son sujet avec beaucoup de sensibilité. Dans son *Élégie* XXIV, « Contre les bûcherons de la forêt de Gastine », Ronsard écrit ces vers célèbres :

> « Écoute, bûcheron, arrête un peu le bras.
> Ce ne sont pas des bois que tu jettes à bas.
> Ne vois-tu pas le sang, lequel dégoutte à force,
> Des nymphes qui vivaient dessous la dure
> [écorce ?
> Sacrilège meurtrier [...] »

Des sentiments qu'exprime Montaigne, avec plus de retenue, au sujet des animaux, ses « confrères », et du monde végétal. Il se félicite « qu'un certain respect et en général devoir d'humanité nous attache non aux bêtes seulement qui ont vie et sentiments, mais aux arbres mêmes et aux plantes ».

Les plantes prennent elles aussi un peu de consistance dans ces visions poétiques de la nature, bien loin des approches mécanistes et scientistes qui déjà se dessinent. La grande mystique Thérèse d'Avila, la *Madre*, raconte : « Un jour, je vis comment le Seigneur se trouve dans toutes les créatures. Il me vint la comparaison d'une éponge qui est complètement imprégnée d'eau. »

Mais le XVIIᵉ siècle va porter un coup fatal à ces visions encore mystiques, réminiscences de temps anciens. Pascal se dit déjà effrayé par « le silence éternel des espaces infinis » ; il ne voit plus, comme le psalmiste, « les Cieux chanter la gloire de Dieu ». C'est qu'en son temps déjà les Cieux se vident, tandis que le Créateur est rejeté loin au-delà des frontières de Ses créatures. Si Sa transcendance continue d'être affirmée dans le christianisme occidental de l'époque, son immanence est désormais négligée. Sous ce Ciel et sur cette Terre désormais purgés de la présence divine, l'homme peut régner sans partage, et la science moderne exercer son empire sur la nature. La dissection des cadavres et la vivisection ne posent plus de problèmes moraux. Les jansénistes, pourtant épris de la spiritualité la plus désincarnée et la plus ascétique, s'y adonnent sans réserve pour étudier la circulation du sang ; car le sacré a quitté la matière et jusqu'à la vie.

Descartes pousse jusqu'à ses ultimes conséquences cette nouvelle vision du monde. Pour lui, les animaux sont de simples machines : « ainsi qu'on voit une horloge qui n'est composée que de roues et de ressorts. » L'approche cartésienne est décisive pour la pensée occidentale. « Sachez, écrit-il, que par la nature, je n'entends pas ici quelque déesse ou quelque autre sorte de puissance imaginaire, mais que je me sers de ce mot pour signifier la matière même. » Ainsi pourrait se définir, à propos de la nature, l'émergence du matérialisme contemporain.

Cette machine dont parle Descartes, le philosophe aimait à en démonter les rouages. Ne le voyait-on pas, lors de ses séjours en Hollande, se rendre dans les abattoirs pour observer la « tuyauterie » des animaux sacrifiés ? Peut-être eut-il plus tard quelque remords lorsqu'il prétendit parler « de la pensée, non de la vie ou du sentiment. Car il n'ôte la vie à aucun animal, ne la faisant consister que dans la seule chaleur du cœur. Il ne refuse pas même aux bêtes le sentiment, pour autant que celui-ci dépende des organes du corps ».

Peu après, on lit avec stupeur sous la plume de l'oratorien Malebranche que « les animaux mangent sans plaisir ; ils crient sans douleur ; ils croissent sans le savoir ; ils ne désirent rien, ne craignent, ne connaissent rien ». Aussi soutenait-il que les cris de son chien qu'il aimait à rudoyer ne signifiaient en aucun cas que celui-ci souffrît.

De telles affirmations scandalisent la marquise de Sévigné qui tient ferme à l'idée que sa chienne, Marphise, n'est pas un automate. Attendrie, elle adopta un petit chien blondin : « Haleine douce, propreté parfaite, il est d'une beauté extraordinaire. » Elle veut « n'y point s'attacher, mais craint néanmoins de succomber à ses charmes ».

Pis encore que Malebranche, le cardinal Pierre de Bérulle disait, un siècle plus tôt, méditer sur l'enfance de Jésus-Christ, non point attendri par la grâce et la candeur de l'enfance, mais parce qu'il était un enfant, justement, l'état « le plus vil et le plus abject de la nature humaine après celui de la mort » ! Et de s'émerveiller de l'abnégation du Christ qui voulut connaître un tel anéantissement. Voilà un prélat auquel Jésus, si bienveillant pour les enfants, aurait sans doute réservé de sévères admonestations...

Mais la science poursuit son chemin et, avec Galilée, moins prudent que son prédécesseur Copernic, largue les amarres. On connaît son retentissant procès, mais on sait moins sa propension à exprimer la nature dans un langage purement mathématique. Comme pour son contemporain Roger Bacon, le but de la science est clair : améliorer le sort de l'homme. Mais il ne s'agit plus d'une amélioration spirituelle. La science met en œuvre une nouvelle approche du monde par la méthode empirique. Elle fait des expériences et en tire des conclusions qu'il faut ensuite tester à l'aide de nouvelles expériences. Par cette méthode, le savant est désormais en mesure « d'arracher ses secrets à la nature ».

Enfin l'approche scientifique est parachevée par l'œuvre proprement géniale d'Isaac Newton. Celui-ci naît l'année où meurt Galilée, en 1642, et réussit la performance d'accomplir la synthèse des œuvres de ce dernier, de Copernic, Bacon, et Descartes. À l'époque, la méthode inductive de Bacon s'opposait à la méthode rationnelle et déductive de Descartes. Comme Galilée, Newton formule mathématiquement et mécaniquement l'univers en proposant les lois de la gravitation universelle. Jusqu'au XXe siècle et à la révolution opérée par la théorie de la relativité et la physique quantique, les scientifiques ont considéré l'œuvre de Newton comme l'exacte description de la nature.

Comme la plupart des grands génies, comme Léonard de Vinci, comme Einstein, Newton était aussi mystique. C'est dans son petit appartement de Trinity College, à Londres, que lui furent révélées dans un état de transes, dit-il, les lois de la gravitation universelle.

Puis la science poursuivit son chemin, s'emparant de la nature et laissant l'homme seul avec Dieu, l'idéalisme chrétien invitant le croyant à n'avoir cure que de son âme. La rupture entre le christianisme et la nature était consommée.

Pourtant, en marge du christianisme institutionnel, divers courants spirituels se font jour en réaction à l'abaissement de la nature. Et d'abord, à la fin du XVIIIe siècle, en France et en Allemagne, le romantisme qui chante le sentiment de nature. « La nature est là qui t'invite et qui t'aime, / Plonge-toi dans son sein qu'elle t'ouvre toujours », écrit Alphonse de Lamartine dans ses *Méditations*. Une sensibilité que Rousseau avait déjà exprimée, un siècle plus tôt, et que Chateaubriand magnifie dans *Le Génie du Christianisme*. Dans le domaine scientifique dont on oublie qu'il fut aussi un illustre représentant, Goethe, l'auteur de *Faust*, se veut un observateur respectueux de la nature, qu'il atteint par le regard et la contemplation, pas seulement par le rationalisme analytique déjà en vogue à son époque.

Pour lui, la grande harmonie du monde ne peut être accessible qu'à l'intuition imaginative, elle se soustrait à une approche qui serait purement cartésienne. Dans son sillage, la sensibilité et la spiritualité d'un Rudolf Steiner firent école, toujours présentes en médecine anthroposophique, en agriculture biodynamique et dans les sciences de l'éducation.

En ce même XVIIIe siècle où la science se détache de plus en plus pour faire cavalier seul, les « hommes de pierre » – entendez : les francs-maçons, regroupés dans un ordre initiatique universel fondé sur la fraternité, symboliquement relié aux bâtisseurs de cathédrales – cultivent une vision mythologique et symbolique de la nature et du monde. Lors de leur toute première initiation, ils franchissent l'épreuve de la terre : livré à lui-même, le candidat plonge dans les ténèbres, symbolisant les entrailles de la Terre. Il est invité pendant ce temps à rédiger un testament philosophique ou nécrologique. Cette épreuve surmontée, le maçon ne connaîtra plus seulement une croissance organique, comme il en va des végétaux et des animaux, mais une maturation spirituelle réglée comme une sorte d'horloge géologique : les « hommes de pierre » croissent et mûrissent, et, pour cela même, connaîtront de nombreuses transformations spirituelles. Tout au long du parcours, la nature sous la forme des quatre éléments – l'eau, l'air, la terre et le feu – est présente ; les rituels de passage renforcent la sagesse, la fraternité, et invitent à la pratique de la vertu et de l'amour.

Les frères maçons ne connaissent pas seulement les pierres du maçon, mais aussi l'acacia. Hiram – non pas le roi de Tyr fournisseur des bois de cèdre et de cyprès destinés à la construction du Temple, d'après le premier *Livre des Rois*, mais un homonyme –, est considéré comme le véritable architecte du temple construit à Jérusalem par Salomon. Selon le récit maçonnique, ses talents remarquables suscitèrent la jalousie et il fut assassiné par ses propres compagnons. Ils plantèrent sur sa tombe un acacia grâce auquel son corps fut retrouvé. L'acacia devint alors un symbole de renaissance, affirmant la primauté de la sagesse d'Hiram considéré comme le symbole de l'« homme nouveau » face à la traîtrise et au fanatisme de ses assassins.

La franc-maçonnerie s'appuie aussi sur le double symbolisme de Jean l'Évangéliste qui, juste après que fut fêté le solstice d'hiver, voit renaître et remonter la lumière solaire dans le ciel, laquelle mûrira les moissons récoltées au solstice d'été sous Jean le Baptiste. En franc-maçonnerie, Dieu et la nature se rejoignent ainsi que Spinoza le disait : « Dieu est une substance infiniment infinie, sans commencement ni fin, et à ceux qui n'ont rien compris l'homme est une partie de la nature. »

Toujours vigoureuse à notre époque, la franc-maçonnerie perpétue une voie initiatique vers la sagesse et la spiritualité qui prend en compte les exigences de l'écologie et se distingue en cela du rationalisme matérialiste de la science actuelle.

À l'autre extrémité de l'Europe, en Russie, la science ne connut jamais l'évolution qui fut la sienne à l'ouest du continent. La tradition orthodoxe met en scène d'authentiques contemplatifs, comme Séraphin de Sarov, ce grand thaumaturge russe du XIXe siècle, homologue de notre François d'Assise, qui parlait aux ours, mais aussi Nicolas Berdiaev [1] et l'admirable Dostoïevski, son maître spirituel. L'un et l'autre insistent sur la dimension cosmique du salut. Pour Berdiaev, « mon salut et ma transfiguration sont liés non seulement à ceux des autres hommes, mais à ceux des animaux, des plantes et des minéraux, à leur insertion dans le royaume de Dieu qui dépend de mes efforts créateurs. C'est pourquoi même

1. Nicolas Berdiaev, *De la destination de l'homme*, L'Âge d'homme, Lausanne, 1979.

l'éthique doit porter un caractère cosmique ». Et encore : « Il est vil d'oublier la disparition ne fût-ce que d'un seul être vivant. [...] La mort de la dernière et de la plus infime créature comporte quelque chose d'intolérable, et si elle n'est pas vaincue en ce qui la concerne, alors le monde n'a aucune justification et ne peut pas être accueilli. Tout et tous doivent ressusciter à la vie et à la Vie éternelle. »

Dans *Les Frères Karamazov* de Dostoïevski, un jeune homme de dix-sept ans se meurt de tuberculose et se met alors à demander pardon aux oiseaux : « Oui, la gloire de Dieu m'entourait, dit-il, les oiseaux, les arbres, les prairies et le ciel. » Dostoïevski fait dire au starets Zosime, en 1880, dans le même roman : « Aimez toute la Création dans son ensemble et dans ses éléments, chaque feuille, chaque rayon, les animaux, les plantes. En aimant chaque chose, vous comprendrez le mystère divin dans les choses. L'ayant une fois compris, vous le connaîtrez toujours davantage chaque jour. Et vous finirez par aimer le monde entier d'un amour universel[1]. »

Langage diamétralement opposé à celui d'un Occident qui, à cette époque, ne se préoccupait

1. Dostoïevski, *Les Frères Karamazov*, Gallimard, coll. La Pléiade, 1965.

guère de la Création ! Puis la Russie bascula dans le marxisme, et la pire des hontes s'abattit sur cet empire qui pratiqua durant soixante-dix ans le plus absolu mépris de la nature, prônant un productivisme encore plus absolu que celui, déjà outrancier et dévastateur, de l'Occident. Dès lors l'Europe entière avait sombré dans le plus épais des matérialismes.

L'est et l'ouest de l'Europe en étaient ainsi arrivés par des voies diverses au même point. Mais, parallèlement, une deuxième rupture se dessina, celle de l'homme avec Dieu. Au XVIIe siècle déjà, le juriste hollandais Grotius avait posé la bonne question : « Et si Dieu ne nous était pas donné ? » De Dieu l'astrophysicien Laplace déclara n'avoir nul besoin. Exposant son système cosmologique à Napoléon, celui-ci s'enquit de la place qu'y occupait le Très-Haut, à quoi Laplace lui rétorqua : « Sire, je n'ai pas besoin d'une telle hypothèse. »

Quelques décennies plus tard, Darwin congédia lui aussi cette hypothèse en mettant en scène l'évolution et ses mécanismes. Après la révolution copernicienne qui avait mis le Soleil au centre du monde, et non plus la Terre, Darwin porta un second coup fatal au statut de l'homme dans la nature, celui-ci devenant d'un coup, comme le dit l'adage populaire, « un descendant du singe », ce qui ruinait l'anthropocentrisme en vigueur jusque-là. La révolution darwinienne fit plus de bruit encore que la révolution copernicienne. Dans un salon de l'Angleterre victorienne, une vieille dame s'en émut : « Descendant du singe ? s'insurgea-t-elle. Mon Dieu, pourvu que Darwin se trompe ; et s'il ne se trompe pas, pourvu que la chose ne s'ébruite pas ! » Elle s'est pourtant singulièrement popularisée...

Voilà donc l'homme réinstallé à sa place dans la nature : une place modeste, à l'égal des autres espèces, au cœur de la lutte impitoyable à laquelle se livrent tous les vivants, conformément à ce que l'on considérait à l'époque comme la « loi de la jungle », celle du plus fort.

Ce XIXe siècle est aussi celui des maîtres du soupçon : Marx, Nietzsche, Freud. Tous annoncent la mort de Dieu. À son terme, la rupture avec le sentiment de nature est consommée avec le grand chimiste français Marcellin Berthelot, véritable père du positivisme scientiste. Berthelot ne connaît que la science positive à l'instar de son lointain émule, Jacques Monod qui, un siècle plus tard, niera tout « animisme », tout mysticisme, toute philosophie, toute religion et toute spiritualité [1]. Tout est

1. Jacques Monod, *Le Hasard et la nécessité*, Le Seuil, 1970.

rejeté en bloc. Berthelot, lui, rêve d'« une direction des sociétés humaines par les sciences, car la science est seule capable de procurer à l'homme morale et bonheur. » « Par la connaissance exacte des faits et par la conformité des actes humains avec les lois constatées des choses », les hommes parviendront à maîtriser la matière. Désormais, aux religions et à celle du Christ en particulier se substitue la religion de la science, une religion toujours d'une haute actualité ressassant son credo dans le milieu scientifique et dont les desservants sont les nouveaux clercs.

Il est surprenant de constater à quel point le cléricalisme scientifique s'est décalqué sur le cléricalisme religieux. Comme un clerc, le professeur d'université était, jusqu'à il y a peu, titulaire de sa chaire. Et lorsqu'il la quitte, il devient « émérite » comme un évèque. Certes, le scientisme est rigoureusement temporel ; il ne connaît d'autre immortalité que celle des membres de l'Académie des sciences où siègent les hiérarques de la nouvelle religion. Religion sans Ciel, elle a ses saints, les Nobel, ses martyrs, les Galilée et les Curie, ses lieux de culte, les laboratoires, ses grandes célébrations collectives, les congrès scientifiques internationaux. Elle a même une Église, l'Union rationaliste, et un dogme, le Progrès.

Le Ciel, c'est l'Académie ; le Purgatoire, c'est le placard. C'est là qu'on relègue les scientifiques mal pensants, ceux, par exemple, qui s'opposent trop bruyamment aux OGM. Comme toute religion révélée, le scientisme a ses prophètes : Darwin et Monod tiennent parfaitement ce rôle en biologie. La religion de la science a aussi ses livres sacrés : tout scientifique désirant faire carrière et percer porte la plus grande considération à la revue anglaise *Nature* où sont consignés les résultats des meilleurs d'entre eux. Mais, avant de mériter l'honneur d'une telle publication de leurs travaux, ceux-ci seront soumis à des *referees*, éminentissimes scientifiques qui jaugent, avant de les avaliser, les résultats des travaux qui leur sont présentés. Gardiens sourcilleux du dogme, ils sont au scientisme ce que furent à l'Église les vétilleux exégètes du Saint-Office.

Que mes collègues et amis scientifiques, pour qui j'ai la plus haute estime et la plus grande considération, ne s'offusquent pas de ces propos un tantinet impertinents. Mais avouons qu'il y a là de troublantes homologies ! Allons, la religion n'est pas morte. Elle perdure, mais sous une autre forme. Elle a pour nom la science.

Certes, il existe des scientifiques croyants, mais, à leur égard, la plus grande prudence est de rigueur. Ne seraient-ils pas quelque peu obscurantistes, voire illuminés : deux mots contradictoires qui paradoxalement désignent la même réalité ? Bref, les voici suspects. S'ils sont timorés, ils tairont leurs convictions intimes qui, si elles étaient portées sur la place publique ou dans les médias, pourraient leur être imputées comme un grave handicap. Pour sa part, l'auteur de ces lignes n'a pourtant jamais hésité à se dire à la fois scientifique et croyant, n'ayant jamais perçu, dans son expérience intime, la moindre contradiction [1].

1. On pourra à ce propos se rapporter à mon ouvrage, *Dieu de l'univers, science et foi*, Fayard, 1996.

9

La montée du capitalisme : vers la religion de l'argent

Tandis que le deuxième millénaire, à partir du XIIIe siècle, détache l'homme de la nature et l'inféode durement à la sagacité des scientifiques, il le livre aussi à la cupidité des marchands. Leur influence s'affirme alors que s'élancent vers le ciel les grandes cathédrales gothiques, sous le règne de saint Louis. Ils forment désormais une nouvelle classe sociale dans les villes qui s'étendent : les bourgeois. Au cœur de la « petite » France d'alors, devenue aujourd'hui l'Île-de-France, Paris a été choisi comme capitale par les Capétiens et Philippe Auguste, grand-père de Louis IX, l'a doté de solides murailles. La ville illustre de manière saisissante la révolution sociale et démographique qui se dessine. Sur et autour de l'île de la Cité demeurent rassemblées les fonctions traditionnelles de la monarchie, avec l'ensemble de ses institutions : la fonction politique avec le Palais-Royal sans cesse agrandi, la fonction religieuse autour de la toute jeune cathédrale Notre-Dame. Cette conjonction témoigne encore des organisations, structures et valeurs des siècles précédents. Sur la rive gauche se développe à partir de 1253, sous l'impulsion de Robert de Sorbon, théologien et chanoine du chapitre de Paris, l'université qui porte son nom : la Sorbonne. Les grands maîtres que nous avons cités y enseigneront et Paris deviendra l'un des foyers culturels les plus prestigieux de la fin du Moyen Âge. Sur la rive droite se concentrent, autour du port de Grève et des Halles construites par Philippe Auguste, les activités économiques contrôlées par la corporation des marchands. Son chef, le prévôt, représente la jeune bourgeoisie parisienne, même si son pouvoir est limité par celui du prévôt royal qui administre la ville au nom du roi.

L'essor démographique rapide de Paris, qui compte à l'époque deux cent mille habitants, illustre celui de toutes les grandes villes du royaume, même si la plupart d'entre elles ne dépassent guère encore les dix mille habitants. Le commerce et l'artisanat s'y développent. Les villes se voient reconnaître une certaine autonomie, tandis que naissent dès le XIIe siècle les communes, résultant d'un accord passé entre les bourgeois pour les administrer. Ces liens tissés entre égaux et sous la foi du serment se substituent aux hiérarchies verticales de la féodalité : un élément nouveau sur lequel la monarchie saura opportunément s'appuyer. Les « ville-neuves » et les « ville-franches » se multiplient. Jaloux de leur liberté, les bourgeois supportent mal les vestiges de l'autorité ecclésiastique et féodale. À Metz, ils vont jusqu'à expédier leur évêque dans la petite localité de Vic et s'organisent en république.

Dans un livre récent, Jacques Attali [1] insiste sur le fait que cette émergence au cœur du XIIIe siècle de ce qu'il appelle l'« ordre marchand » n'est que la conséquence d'une longue et ancienne évolution dont il voit les prémices dans la convergence de la pensée hébraïque, de la pensée grecque et du sens du négoce des Phéniciens. Pour ces peuples ultraminoritaires dans le vaste monde des grands empires, tous les hommes sont égaux, à l'exception des esclaves, et « la pauvreté est une malédiction ; le monde est à domestiquer, à améliorer, à bâtir... Pour la première fois, l'avenir humain terrestre est pensé comme pouvant – comme devant – être meilleur que le passé. Pour la

1. Jacques Attali, *Une brève histoire de l'avenir*, Fayard, 2006.

première fois, l'enrichissement matériel est envisagé comme une façon de se rapprocher du ou des dieux. Tel est l'idéal qui s'installe. Il deviendra celui de l'Occident, puis celui de tout l'ordre marchand jusqu'aujourd'hui ». Selon Jacques Attali, cette prédominance est en passe de s'étendre à la planète entière et de se substituer à toutes les idéologies précédentes, fussent-elles religieuses.

On notera que dans cet ouvrage les termes de judéo-christianisme n'apparaissent pas, la démonstration reposant entièrement sur les racines des idéaux judéo-grecs : « L'idéal judéo-grec se précise : la liberté est une finalité, le respect d'un code moral, une condition de survie ; la richesse, un don du Ciel ; la pauvreté, une menace ; liberté individuelle et ordre marchand seront désormais inséparables. » Et tandis que « l'Asie entend libérer l'homme de ses désirs à travers ses religions ancestrales, l'Occident souhaite au contraire lui permettre d'être libre de les réaliser ». Or les réaliser, c'est produire, c'est commercer, c'est acquérir, c'est consommer. Un idéal, on l'a vu, qui contredit radicalement les idéaux et les modes de vie des chrétiens des premiers siècles qui, pauvres et non-violents, partageant leurs biens au sein de leurs communautés, pratiquant l'amour fraternel, vivent en totale rupture avec les modes de vie en vigueur sous l'Empire romain.

Après sa reconnaissance par Constantin dans tout l'Empire, le christianisme bascula dans le camp du pouvoir sans vraiment se faire le protagoniste de l'ordre marchand, mais sans non plus le contrarier. Rappelons qu'au cœur du XIIIe siècle, le prêt à intérêt n'avait toujours pas cours dans la chrétienté. Seule la communauté juive l'autorisait. La pensée chrétienne avait par ailleurs fortement rogné le droit de propriété tel que conçu par les Romains. La définition par saint Thomas d'une « fonction sociale de la propriété » postulait que celle-ci cessât d'être licite si elle n'incluait pas la part du pauvre, imposant par là le devoir de partager. Le morceau de pain offert au miséreux n'était pas un don, mais un droit reconnu au pauvre. S'il le volait, il n'était pas déclaré coupable.

Pourtant, l'élite marchande n'entre pas en conflit avec l'Église et Jacques Attali a cette phrase étonnante : « Cette nouvelle élite s'allie aussi à l'Église dont les préventions envers les métiers d'argent diminuent en même temps qu'augmentent les restrictions qu'elle impose à la sexualité. » Bien que nous soyons toujours au XIIIe siècle, ce constat reste, à l'aube du troisième millénaire, d'une parfaite actualité. L'apologie évangélique de la pauvreté est en quelque sorte contournée. Quant à l'institution ecclésiastique, elle n'hésite pas à cumuler les richesses avec l'or dont regorgent ses palais et ses églises. Nous sommes déjà loin de la réticence vis-à-vis de l'argent et de la sobriété évangélique, cette sobriété qui est aujourd'hui une des valeurs majeures de l'écologie en ceci qu'en limitant la consommation, elle limite du même coup l'exploitation éhontée des ressources de la planète.

Une deuxième étape historique dans la montée en puissance du pouvoir de l'argent a été mise en lumière par le sociologue Max Weber dans son célèbre essai sur *L'Éthique protestante et l'esprit du capitalisme*[1]. La thèse de Weber est bien connue et si elle a fait l'objet de multiples controverses, elle n'a jamais été formellement démentie. Weber met en évidence un lien de cause à effet entre la Réforme, la modernité, et les ravages de la révolution industrielle sur l'environnement naturel par un capitalisme qui ne se sent plus aucune limite. Ses arguments en faveur de cette thèse, il les puise d'abord dans l'œuvre de Calvin. Pour Weber, le calvinisme serait à l'origine du capitalisme. Calvin, en effet, est le premier à avoir

1. Max Weber, *L'Éthique protestante et l'esprit du capitalisme*, 1901, Plon, traduction J. Chavy, Paris, 1964.

levé l'interdiction que l'Église avait fait peser dès l'origine sur le prêt à intérêt, ce qui ne l'empêchait cependant pas de le pratiquer à son propre usage par l'entremise des banquiers du pape. La réputation d'austérité qu'on prête parfois à Calvin ne rend sans doute pas compte d'une personnalité attachante qui prônait une intégration joyeuse et courageuse du chrétien dans la vie. Secouant le joug de l'autorité catholique, il entendait rendre aux hommes un sentiment de liberté, les ouvrant sans crainte à l'avenir. S'écartant aussi sur ce point du catholicisme ambiant, il critiqua l'ascèse par ces mots : « Si nous réputons à quelle fin Dieu a créé les viandes [1], nous trouverons qu'Il n'a pas seulement voulu pourvoir à notre nécessité, mais aussi à notre plaisir et récréation. [...] Aux herbes, arbres et fruits, entre les diverses utilités qu'Il nous en donne, Il a voulu réjouir la vue par leur beauté et nous donner encore un autre plaisir en leur odeur. [...] Finalement, ne nous a-t-Il pas donné beaucoup de choses, lesquelles nous devons avoir en estime sans qu'elles nous soient nécessaires [2] ? »

---

1. « Viande » était le terme jadis utilisé pour qualifier les aliments.
2. Jean Calvin, *Institution chrétienne*, III, 10, 2.

Joyeuse aussi est chez Calvin la célébration de la nature : « Les oiseaux chantants chantaient Dieu ; les bêtes Le réclamaient ; les éléments Le redoutaient, les montagnes Le résonnaient ; les fleuves et fontaines Lui jetaient œillades, les herbes et fleurs Lui riaient [1]. »

La Réforme conduite par Calvin devait cependant aboutir en Angleterre à une forme de christianisme plus austère, le puritanisme. Les puritains anglais critiquaient les vestiges de la tradition catholique dans l'Église anglicane. Ils regrettaient que ses ornements et ses rituels rappelassent par trop les catholiques. Hostiles aux traditions, à la sentimentalité, au luxe, à l'irrationnel qu'ils considéraient comme aussi inefficace qu'inutile, ils revendiquaient un culte sans apparat, une morale stricte allant jusqu'à contester les divertissements dominicaux. Persuadés de vivre au plus près des pratiques des premiers chrétiens, ils avaient conscience de constituer une élite au cœur des religions anglicanes et même réformées.

Mais ils furent à leur tour contestés en Angleterre pour la vigueur avec laquelle ils défendaient leurs idées. Au milieu du

1. Jean Calvin, préface au Nouveau Testament, in *Œuvres complètes*, Paris, Gallimard, 1995.

XVIIe siècle, ils émigrèrent en Amérique du Nord sous le nom de « pères pèlerins ». On se souvient de la célèbre épopée du *Mayflower*, lorsqu'ils débarquèrent en novembre 1620 sur la côte est des États-Unis. Puis d'autres vagues suivirent. Un puissant idéal messianique les animait. Ils ne se considéraient pas moins que le peuple élu de Dieu, le nouvel Israël dont l'Amérique était la Nouvelle Jérusalem. Du coup, ils traitèrent avec mépris les Indiens, considérés comme les survivants d'une race maudite. C'est de ces puritains que traite Max Weber dans son célèbre essai.

Ils ne condamnent nullement la richesse. Ils n'en font cependant pas étalage et ne lui reconnaissent de valeur morale que si, favorable au développement des entreprises, elle s'investit en capital. Quelle meilleure définition du capitalisme : par un glissement sémantique très suggestif, les biens... c'est le Bien ! La pauvreté, le malheur, le Mal.

Ce capitalisme puritain, à l'origine du grand capitalisme américain, n'est pas ostentatoire, afin de ne point susciter de jalousies. Il se veut moral. De puissantes et discrètes fondations humanitaires sont créées. Rien de comparable avec le capitalisme financier et spéculatif d'aujourd'hui où l'on achète et revend des entreprises dans le seul but de réaliser immédiatement un maximum de profit et dans le plus parfait mépris des salariés, simple variable d'ajustement dans les bilans. Ce capitalisme-là est parfaitement immoral. Ce n'est même plus un système économique, mais une attitude prédatrice à l'échelle planétaire. Il a réussi ce tour de force d'instaurer pour la première fois dans l'histoire une seule et unique civilisation : celle de l'argent.

Pour ces puritains, le succès professionnel est le signe d'une élection divine dont bénéficient tout naturellement les membres du nouvel Israël. Ils actualisent une idée très présente dans l'Ancien Testament, selon laquelle la richesse est un don de Dieu ; mais une idée qui s'inscrit précisément en rupture avec les fondements du christianisme où il est beaucoup plus question d'humilité, de douceur, de sobriété et d'abandon entre les mains de la Providence.

Voici donc que s'esquisse un étonnant parallélisme entre le judaïsme et le puritanisme protestant américain. Un parallélisme dont témoigne toujours notre époque. On sait en effet les étroites convergences entre une fraction du protestantisme américain, parfaitement représenté par la sensibilité religieuse d'un George Bush, et l'élite du judaïsme de ce pays. Ne sont-ils pas étroitement associés à la lutte contre l'« axe du Mal » ? Les plus prosélytes des évangélistes rêvent, contre toute logique, de conquêtes et de conversions en terres d'Islam, affirmant, parfois sans mesure, les droits d'Israël, mais en se montrant moins regardants sur les devoirs de cet État à l'égard des Palestiniens. Autre parallélisme : entre le refoulement par les uns des Indiens d'Amérique hors de leur sol et, par les autres, des populations palestiniennes dans des enclaves qui n'ont plus rien d'un État.

Dans la perspective développée par Max Weber, la conciliation de Dieu et de l'argent va plus loin encore, puisque sur le billet vert, le dollar, figure l'invocation du nom du Très-Haut. Étrange rabibochage de Dieu et de Mammon !

L'ordre marchand cher à Jacques Attali est allé de succès en succès, de « cœur en cœur ». C'est le mot qu'il utilise pour mettre en lumière sa progression de cité en cité : Bruges d'abord, connaissant son apogée au XIIIe siècle puis déclinant tandis que le relais était pris par d'autres : Venise, puis, dans l'ordre, Anvers, Gênes, Amsterdam, Londres, Boston, New York et aujourd'hui Los Angeles, capitale des nouvelles technologies qui désormais dominent le monde.

Les philosophes des Lumières qui firent

rayonner la France au XVIIIe siècle relaient les valeurs de ce qu'on appelle désormais le capitalisme. La « bonne Nature », celle de Rousseau, est généreuse, qui prodigue en abondance ses bienfaits aux hommes afin qu'ils puissent vivre confortablement, se procurer des ressources, réduire au maximum leurs contraintes, faire de la terre un inépuisable réservoir de richesses. Deux siècles plus tôt, les conquistadores espagnols n'avaient-ils pas ramené par galions entiers l'or du Pérou ? Les richesses étant considérées comme infinies, et la liberté de les acquérir comme inaliénable, un lien étroit s'établit entre le monde des marchands et l'idéologie de la liberté : l'idéologie libérale. La nature n'est plus alors perçue comme source d'émotion, d'émerveillement et de contemplation, mais comme source d'enrichissement. On vante la « production de richesses », expression à la mode dans le vocabulaire libéral, quitte à ce que les ressources pour les produire s'épuisent. Tel est déjà l'enjeu majeur de l'économie de ce XVIIIe siècle où le libéralisme va bientôt s'avérer utopique.

La première révolution industrielle entasse une multitude de salariés pauvres et déracinés dans des cités sans âme. Épidémies, grèves, insurrections se succèdent. Pour Friedrich Engels, Glasgow est « un conglomérat de crimes, de saletés et de pestilences ». Le libéralisme, censé apporter équitablement à tous richesse et liberté, s'est transformé en une sorte de lutte sauvage. Une seule règle : celle de la concurrence sans limite au profit des meilleurs, et tant pis pour les autres. De ce capitalisme Pie XII déclarera qu'à l'instar du communisme il est intrinsèquement pervers.

Cet état de la société est le fidèle décalque du modèle qu'à cette époque Charles Darwin et ses émules proposent pour expliquer le fonctionnement de la nature. Le pasteur anglais Thomas Malthus avait émis avant lui une théorie qui porte son nom : professeur d'économie, il pensait pouvoir rendre compte des désordres et des luttes au sein des sociétés par le fait que les populations croissent plus vite que les ressources ; d'où de sévères famines et des compétitions brutales pour s'approprier le plus de ressources possible. Darwin dit appliquer la doctrine de Malthus aux règnes animal et végétal. Il projette dans la biologie le modèle sociologique du milieu du XIXe siècle et, de ce fait, apporte une justification à la société cruelle née de la révolution industrielle. Darwin a une piètre idée de la nature, qu'il qualifie de « maladroite, gaspilleuse, faillible ». La science de cette époque considère le monde matériel comme individualiste, agressif, implacable, chaque individu étant en lutte contre tous les autres pour assurer sa survie, voire sa prééminence. Bref, pour Darwin, « toute la nature est en guerre ».

Son disciple et ami Thomas Huxley traduit cette loi de la jungle de manière imagée : « Le monde animal ressemble à peu de chose près au combat de gladiateurs. Les créatures sont bien traitées pour être livrées au combat, et les plus forts, les plus habiles, les plus rusés s'en tirent jusqu'au combat suivant. [...] Il n'y a jamais de quartier[1]. »

Très critiqué par les écologistes contemporains qui lui reprochent de ne pas avoir intégré les forces de coopération, elles aussi présentes dans la nature, tels que le mutualisme, le commensalisme, la symbiose, la complémentarité entre espèces, Darwin a néanmoins marqué profondément son siècle. Les libéraux y ont vu une brillante justification de la concurrence, et les marxistes un modèle saisissant de la lutte des classes. En s'appuyant sur un modèle naturel, capitalisme et communisme trouvaient désormais leur justification scientifique. Ces deux idéologies, moins antagoniques qu'il y paraît, se présentaient, au niveau de la société, comme un reflet des lois universelles de la nature.

1. Cité par Teddy Goldsmith in *L'Écologiste*, *op. cit.*

Après l'effondrement du communisme, plus aucun frein ne devait limiter l'expansion du capitalisme. Et rien non plus ne devait le réguler. L'application de la loi du plus fort ne pouvait par conséquent qu'aboutir à un écart de plus en plus large entre les revenus dans tous les pays avancés : les riches, peu nombreux, deviennent de plus en plus riches, et très nombreux sont ceux qui restent pauvres, voire qui deviennent de plus en plus pauvres. Selon Jacques Attali [1], les inégalités se creusent entre les plus riches des Américains et les autres : « Le revenu des 0,01 % les plus riches (pour l'essentiel, des acteurs des marchés financiers) est passé de 50 fois le salaire moyen de l'ouvrier en 1975 à 250 fois ce même salaire trente ans plus tard ; la moitié de la richesse créée de 1990 à 2006 a bénéficié à 1 % des ménages. Le salaire ouvrier américain baisse depuis 1973 en raison de la concurrence de l'immigration et de celle des délocalisations. »

Ces délocalisations sont naturellement le fruit amer de la mondialisation, à la fois si valorisée et si contestée. Il n'est que de consulter les pages économiques des grands quotidiens et des périodiques spécialisés pour mesurer l'expansion, pour ne pas dire l'explosion du capitalisme par une sorte d'effet

1. Jacques Attali, *op. cit.*

« boule de neige ». Chaque jour des multinationales toujours plus grosses vendent ou achètent des entreprises pour des centaines de millions de dollars, concentrant toujours plus le pouvoir économique, tandis que le smicard médusé paraît complètement dépassé par ces chiffres. Il sera horrifié d'apprendre qu'un ministre gagne mensuellement environ dix mille euros, alors qu'un grand capitaine d'industrie ou un footballeur gagneront dans le même temps un à deux millions, ce qui étrangement ne le choquera pas.

Rien, aujourd'hui, ne semble pouvoir freiner cette évolution. Les multinationales deviennent de plus en plus grosses et puissantes, confortant la souveraineté du pouvoir économique sur le politique, parcellisé en près de deux cents États. Certes, toutes ne sont pas également condamnables. Certaines sont même vertueuses, éprises d'éthique et d'humanitarisme. Mais, pour qui a vécu la manière dont une firme comme Monsanto a imposé les OGM au monde entier, le constat est accablant.

Jacques Attali prévoit la poursuite sans fin de la trajectoire déjà amorcée : « Le capitalisme ira à son terme : il détruira tout ce qui n'est pas lui. Il transformera le monde en un immense marché. [...] Il parachèvera ce qu'a commencé le marché depuis ses origines : faire de chaque minute de la vie une occasion de produire, d'échanger ou de consommer de la valeur marchande... Pour défendre la propriété privée des biens, des idées, des brevets et des personnes, le marché fera surgir polices, armées, justices privées, mercenaires et arbitres. Tout le temps passé à autre chose que consommer – ou accumuler des objets à consommer de manière différée – sera considéré comme perdu... Les transports, les hôpitaux et les écoles laisseront la place pour l'essentiel à des lieux de vente et à des services après-vente d'autosurveillants et d'autoréparateurs. L'homme percevra le monde comme une totalité à son service dans la limite des normes imposées par les assurances à son comportement individuel ; il ne verra l'autre que comme un outil de son propre bonheur, un moyen de se procurer du plaisir ou de l'argent, voire les deux. Nul ne songera plus à se soucier d'autrui : pourquoi partager quand il faut se battre ? Pourquoi faire ensemble quand on est concurrent ? Plus personne ne pensera que le bonheur d'autrui puisse lui être utile. Encore moins cherchera-t-on son bonheur dans celui de l'autre. Toute action collective semblera impensable, tout changement politique, de ce fait, inconcevable. »

Ce monde existe déjà dans l'imaginaire de Jean-Christophe Rufin ; il l'a décrit avec talent dans *Globalia*[1], une société lissée et policée plus effrayante encore que les fictions de George Orwell. Alors la civilisation judéo-grecque exclusivement fondée sur la science et l'idéologie du progrès sera arrivée à son terme.

Quel est donc le moteur de cette hyperpuissante machine emballée ? Quelle est sa source d'énergie ? La science, naturellement tout entière au service de l'économie et qui lui fournit l'arme absolue de son succès et de sa pérennité : les technologies. Celles-ci envahissent les marchés, dopés par une publicité qui crée sans cesse de nouveaux besoins, et ce, de plus en plus vite. Pour l'économie, la technologie est une bénédiction, car se profilent déjà aux États-Unis les *cleantech*, ces technologies « propres » qui nous donneront bientôt des voitures non polluantes. Bientôt, mais pas tout de suite... Il convient d'abord que le pétrole ait été vendu et consommé jusqu'à la dernière goutte : de quoi parachever la catastrophe climatique ! Ensuite seulement seront autorisées à se répandre les technologies propres, sans doute à commencer par les voitures à hydrogène.

Ces technologies de demain créeront, si l'on en croit les experts, une bulle boursière sans

1. Jean-Christophe Rufin, *Globalia*, Gallimard, 2004.

commune mesure avec celle que généra Internet. Mieux encore : cette bulle ne crèvera jamais, puisqu'elle reposera cette fois sur la création de produits durables. Elle sera donc elle aussi durable.

Quant au progrès technologique, rien ne l'arrêtera. Nos vêtements, nos corps, notre cerveau se rempliront de puces qu'aucun insecticide ne mettra en fuite, et bien sûr, cher lecteur, vous n'aurez plus à prendre la peine de lire ce livre. Car Joël de Rosnay [1] décrit ainsi ce qui, en 2020, en tiendra lieu : « L'une des innovations parmi les plus intéressantes est l'encre électronique, la *nano ink* ou *e-ink*, inventée par le Gutenberg des temps modernes, Joseph Jacobson, du MIT. Jacobson a mis au point des nanoparticules, des petites billes d'une centaine de nanomètres (cent vingt à cent cinquante), qui jouent le rôle de caractères d'imprimerie, ou plutôt de “pixels”. Ces nanoparticules sont dotées, comme la Terre, d'un pôle nord et d'un pôle sud. Disons que le pôle nord est noir et le pôle sud, blanc. Ces nanoparticules sont projetées sur du papier plastifié (grâce à des imprimantes spéciales à jet d'encre). Ce papier est revêtu d'une grille de

1. Joël de Rosnay, *2020, Les Scénarios du futur*, Des Idées et des Hommes, 2007.

fils métalliques (invisibles à l'œil nu) et recouvert d'une feuille de plastique transparent. Si l'on fait passer un courant électrique (à partir de microprocesseurs placés dans la reliure des rames de papier) vers les fils, et selon les coordonnées x et y de la grille, le champ magnétique créé à leur intersection va faire tourner la nanoparticule sur elle-même. Elle présentera sa face noire ou sa face blanche. C'est ainsi qu'on obtient des pixels noirs ou blancs avec lesquels on peut composer des lettres, des lignes ou des graphiques. On disposera de journaux et de magazines en couleurs, imprimés avec de l'encre électronique et qui se mettront à jour en temps réel, au cours de la lecture et en fonction des événements ou des flashes d'information. »

Peut-être n'avez-vous pas bien compris ? Qu'importe ! La publicité fera le nécessaire et vous achèterez demain ce livre nanotechnologique, puisqu'on n'arrête pas le progrès. Notons qu'on ne manquera pas de le présenter comme magique, ludique, interactif et pour tout dire « génial ». Comment, dès lors, en priver nos chères têtes blondes ?

Car la technologie sera devenue la valeur suprême derrière laquelle se cache habilement un capitalisme dévoyé et prédateur. Produite par la science, elle ouvrira sans cesse de nouveaux marchés et mobilisera des océans de dollars. Certes, les hommes essaieront de conserver leur « quant à soi », voire de résister à l'invasion. Pour cela, ils s'adonneront aux multiples techniques du développement personnel, très à la mode aujourd'hui, qui encourage en effet si heureusement le culte moderne du « moi ». Le « je » et le « jeu », comme le remarquait un sociologue : le « je » du « moi d'abord », le « jeu » du « tout ludique ». Et chacun de jouer avec d'innombrables gadgets, objets nomades car portatifs, comme le dit encore Jacques Attali, avant que, avec le robot, ils ne deviennent pour de bon autonomes et que, avec les puces, ils ne nous collent à la peau.

Le « je » et « le jeu » : les deux mamelles du futur.

Mais *quid* alors des religions et du christianisme puisque c'est de lui dont il est ici question ? Peut-être, comme de la religion des anciens Grecs, n'en subsistera-t-il qu'une vague mythologie, la Vierge Marie devenant l'homologue d'Artémis ou d'Aphrodite ? On lira l'Évangile comme Homère et Ovide, et la résurrection du Christ apparaîtra comme une métamorphose de plus. Ce qui permettra à tout le moins de comprendre les œuvres d'art du temps jadis, pour lesquelles l'intérêt du public ne se dément pas.

Car, alors que les églises se vident, les musées sont pris d'assaut. Tant il est vrai que la culture remplace désormais la religion par un effet de mimétisme d'une puissance irrésistible. Des files immenses battent le pavé devant les musées, magnétisées par telle ou telle exposition, et chacun d'accourir au plus vite là où il est bien porté de se rendre. Jamais le culte du moi n'a été aussi fort, jamais la grégarité de nos semblables aussi prégnante.

Dans *Rhinocéros* d'Eugène Ionesco, un humain vivant dans une petite ville se mue subitement en rhinocéros. Stupeur de ses concitoyens ! Mais cette mutation est contagieuse, elle se reproduit de proche en proche, et tous les habitants deviennent finalement de redoutables rhinocéros. On connaît la suite de la fable : son héros Béranger s'écrie : « Je suis le dernier homme, je ne capitulerai pas ! »

Essayons donc d'être celui-là. Résistons au démon qui a pris la physionomie du Veau d'or. Résistons à la religion de l'argent. Soyons sobre et joyeux, partageons cette belle pensée du père Ceyrac qui, évoquant les milliers d'enfants de l'Inde dont il a la charge, aime à répéter : « Tout ce qui n'est pas donné est perdu. »

10

Une écologie spiritualiste ?

En Europe, le déclin du christianisme s'accélère. Un extraterrestre qui, visitant notre planète, consacrerait son temps à surfer sur les grandes chaînes de télévision, aboutirait à la conclusion que les Terriens n'ont pas de religion. Hormis le très officiel service des cultes du dimanche matin, le fait religieux est devenu étranger à notre culture. Aucune œuvre cinématographique ou télévisuelle, aucune œuvre romanesque, aucune fiction ne puise plus son inspiration dans la tradition chrétienne. Il est déjà bien loin le temps des auteurs chrétiens engagés, les Péguy, Maritain, Bernanos, Claudel, Mauriac et autres ! Il est parfaitement inimaginable de penser qu'on puisse voir la vie d'un saint, par exemple, portée aujourd'hui à l'écran. D'ailleurs, les noms de saints, s'ils perdurent dans la dénomination des communes, ont été boutés hors le répertoire des prénoms, remplacés qu'ils sont par les Cynthia, Matteo, Kevin et autres Léna. Les parents adorent, les ados craquent !

Même absence du christianisme dans les débats de société. Tandis que sociologues, psychologues et experts en tous genres se pressent à l'écran, il est rare d'y entendre le point de vue d'un religieux, d'ailleurs aussitôt suspecté d'obscurantisme. Certes, l'Église apparaît épisodiquement à l'occasion des voyages du pape ou aux funérailles de personnalités. Mais rares sont les Français qui sauraient citer aujourd'hui un seul auteur chrétien, et nombreux, en revanche, ceux qui ignorent le nom de l'évêque de leur diocèse, voire, après la disparition de l'abbé Pierre et celle du cardinal Lustiger, celui de quelque personnalité chrétienne contemporaine que ce soit. Une récente enquête sociologique insistait sur le fait que les références médiatiques à l'islam ou au judaïsme étaient beaucoup plus nombreuses que celles réservées au christianisme ; et, de fait, si l'on parle souvent de la deuxième religion de France pour désigner l'islam, on parle fort peu et de moins en moins de la première ! Bref, on assiste chez nous à une déchristianisation rapide et profonde.

On peut longuement épiloguer sur les causes de ce déclin. Elles sont multiples et manifestent un divorce profond entre le catholicisme et la modernité. Le catholicisme campe en effet sur une ligue dure, défendant des positions plus conservatrices que les autres traditions chrétiennes, l'orthodoxie et le protestantisme, et ce, sur trois points : le refus du remariage des divorcés (du moins lorsque la personne a été abandonnée par son partenaire) et de leur accès au sacrement de la communion ; le maintien du célibat des prêtres et le refus d'ordonner des hommes mariés ; surtout, l'interdiction des moyens modernes de contraception, fût-ce dans la prophylaxie du sida en Afrique. Sur ces trois points, le catholicisme est en fort décalage avec la majorité de ses propres fidèles. Du coup, beaucoup quittent silencieusement le navire, refusant que la religion prétende gérer leur conscience et leur vie psychoaffective.

Une autre cause explique ce déclin, en particulier chez les jeunes éduqués aux sciences à l'école et à l'université : en l'occurrence, l'apparente et irréconciliable contradiction entre les récits bibliques et les apports de la science contemporaine en ce qui concerne, par exemple, l'origine de l'univers, de la vie et de l'homme. Assaillie d'informations contradictoires régulièrement épicées par quelque épisode croustillant, hypermédiatisé et aussitôt tenu pour vrai – on se souvient du *Da Vinci Code* –, l'opinion, et parmi elle les fidèles, ne sait plus où donner de la tête. Qui dit vrai ? Où est la vérité ? Dans notre société foncièrement matérialiste, les mythes et les symboles ont perdu toute signification. Pour ce qui est des textes sacrés, la critique exégétique est ignorée. La science, au contraire, est valorisée et ce que nos enfants apprennent à l'école les écarte tout naturellement de la religion pour cause d'incompatibilité. De sorte que le christianisme, pour la première fois de sa longue histoire, n'est plus reçu par les nouvelles générations.

Enfin, la foi subit la sévère concurrence des religions sécularisées : celles de la science, du progrès, du consumérisme, de la technologie et de l'argent.

Pourtant, alors que les messes dominicales sont désertées, les pèlerinages et les grandes célébrations font recette. Malgré les vents contraires, « le cadavre de Dieu bouge encore ». En dépit des apparences, il bouge même assez fort !

Le besoin de spiritualité propre à l'âme humaine continue à se manifester. Il s'investit aujourd'hui dans de nouvelles directions et sur d'autres thèmes, en marge des religions traditionnelles, surtout dans le monde de l'écologie.

En l'an 2000, Paul Ray et Sherry Anderson publiaient à New York, une importante enquête sociologique, relayée en 2003 en Europe. Son objet : saisir les grands courants d'opinion chez les populations des pays économiquement et politiquement avancés. L'enquête française, menée par Yves Michel, fait apparaître cinq courants socioculturels entre lesquels se partagent à peu près à égalité la totalité de la population. Elle identifie et permet de définir les « créatifs culturels » selon plusieurs critères : ils sont « préoccupés par les problèmes écologiques, favorables au principe du développement durable. Ils prônent un rôle plus large des femmes dans la société et une meilleure condition de la femme. Ils sont davantage dans l'être que dans l'avoir et le paraître. Ils sont sensibles à la spiritualité et à l'ouverture aux autres. Ils sont porteurs d'une conscience différente en matière d'éducation. Ils pensent qu'un changement personnel peut contribuer aux changements de notre société. Ils sont défenseurs de valeurs multiculturelles [1]. » Ainsi défini, ce courant se distingue d'un courant

---

1. Jean-Pierre Worms, *Les Créatifs culturels en France*, éd. Yves Michel, 2007.

d'importance à peu près égale, celui des alter-créatifs, très proches des créatifs culturels sur tous les critères, à la seule exception des références spirituelles associées à la dimension du développement personnel. Les auteurs y voient le reflet du clivage propre à la tradition culturelle française où l'athéisme hérité des Lumières marque profondément les mentalités.

Ce qui caractérise les créatifs culturels, c'est l'individualisation de la quête spirituelle. Ils s'inscrivent donc dans les tendances lourdes de la modernité. Ils sont de ce point de vue nettement moins catholiques que la moyenne de la population française, et plus attirés par les religions de l'Orient. Pour eux – et cela les différencie aussi de la moyenne nationale –, les valeurs éthiques fondamentales sont plus importantes que les croyances religieuses. C'est au sein de ce courant que s'affirment les nouvelles tendances spirituelles liées à l'écologie.

Celles-ci ont pris un brusque essor à la suite des événements de Mai 1968, cette révolution non sanglante qui a introduit néanmoins une rupture forte et un brutal changement des mentalités et des valeurs. Dopées par le mouvement hippie, développé sur la côte ouest des États-Unis, en Californie, des idées nouvelles pénétrèrent alors en Europe, dans un monde déjà marqué par le matérialisme consumériste. La recherche de nouvelles spiritualités mit en scène des auteurs dont l'influence se révéla considérable sur la jeunesse.

S'inspirant des pratiques du chamanisme, l'idée se fit jour que l'accès à l'expérience spirituelle, voire à l'extase, objectif des mystiques de tous les temps, pouvait être facilité par le recours à des drogues. Aldous Huxley avait fait quelques années plus tôt l'apologie d'un petit cactus mexicain, le peyotl, dont la substance active, la mescaline, produisait, chez une tribu indienne extrêmement isolée, les Huichols, des états de conscience modifiés au cœur même de leurs pratiques rituelles et sacrées [1]. De son côté, Carlos Castaneda publia en 1968 un ouvrage traduit en français en 1972 sous le titre *L'Herbe du diable et la petite fumée* [2]. Il faisait de son côté l'apologie de l'usage des champignons hallucinogènes mexicains, dans une quête mystique de l'être profond, en même temps que celle du cannabis dont la consommation prenait à l'époque un essor qui ne s'est jamais démenti depuis. Mais

1. On se reportera sur ce sujet à mon ouvrage *Drogues et plantes magiques*, Fayard, 1983.

2. Carlos Castaneda, *L'Herbe du diable et la petite fumée, une voie yaqui de la connaissance*, Le Soleil noir, 1972.

le grand prêtre de ces courants reste Timothy Leary, professeur de psychologie à l'université de Harvard et converti à l'hindouisme à la suite, semble-t-il, d'une rencontre avec Huxley. En 1961, dans le contexte de la protestation estudiantine contre la guerre du Vietnam, il se fait le prophète de l'élargissement de la conscience par l'usage du LSD. Même si les paradis auxquels Timothy amenaient ses adeptes se révélèrent bientôt des paradis artificiels, les « trips » sous LSD permettaient, pensait-on, de trouver l'harmonie en soi, avec les autres, avec la nature, avec Dieu, dans un esprit de fraternité communautaire. Le mot d'ordre est *Peace and Love,* tandis que le visage de Jésus apparaît sur les tee-shirts, souvent dans des débauches de fleurs. Jésus bientôt en restera là et c'est vers les courants spirituels de l'Inde que se portèrent les adeptes de ce nouvel âge, le *New Age*, l'âge du Verseau.

On connaît la thèse : par le jeu de la précession des équinoxes, l'axe de la Terre parcourt une rotation rétrograde à travers les douze signes du Zodiaque en vingt-six mille ans. La Terre aurait ainsi connu l'ère du Bélier, courant approximativement d'Abraham à Jésus et couvrant l'entièreté de l'épopée hébraïque où le sacrifice de l'agneau était au cœur du rituel de la Pâque. Puis, avec Jésus, s'ouvrit l'ère du Poisson : de fait, le poisson fut durant les premiers siècles du christianisme, et bien avant la Croix, l'emblème des chrétiens ; en grec, poisson se dit *ichtus*, mot correspondant aussi aux premières lettres de la formule grecque signifiant « Jésus, fils de Dieu, sauveur ». L'épuisement du christianisme serait, dans cette perspective, tout naturellement la conséquence de l'entrée de la Terre dans l'ère du Verseau, marquée, conformément à la symbolique de ce signe, par une fraternité universelle. Marilyn Ferguson est la prophétesse de cette nouvelle ère avec un livre qui connut un grand succès : *Les Enfants du Verseau* [1], dans lequel elle prédit l'avènement d'une civilisation planétaire idéale. L'immense succès de l'ouvrage a répandu les idées du Nouvel Âge « à l'image de l'incendie dans une fabrique de feu d'artifice », selon les termes mêmes de l'auteur...

Il est impossible de recenser la multiplicité des courants qui traversent le Nouvel Âge où les médecines orientales font bon ménage avec l'astrologie, l'hindouisme, l'écologie et surtout le « développement personnel » – une des idées-forces de l'ensemble de ces courants.

1. Marilyn Ferguson, *Les enfants du Verseau*, éd. J'ai lu, 1994.

Mais, dans tous les cas, ils expriment un fort désir d'évasion par rapport aux champs trop bien balisés des religions traditionnelles, mais aussi du matérialisme et du consumérisme contemporains. Amour, paix, illumination, mais aussi énergie, vibrations, méditation, tels sont les mots clés autour desquels s'organise un immense marché d'ouvrages, de psychothérapies, de sessions de formation...

Si les gourous prolifèrent, des figures comme Vincent de Paul ou Mère Teresa ne sont pas répertoriées dans le panthéon du New Age ; car si l'altruisme est affiché, la priorité accordée au développement personnel est perçue comme essentielle. C'est de l'éveil collectif des consciences que naîtra tout naturellement une société de paix et d'amour. Dans une profession de foi du New Age, on peut lire : « L'homme et la femme du Nouvel Âge se veulent créateurs de l'avenir du monde, [...] proposent une nouvelle alliance avec la nature, [...] respectent la Terre comme un être vivant, [...] se savent participant de la conscience cosmique [1]. »

Dans la galaxie profuse et confuse du Nouvel Âge, quelques figures emblématiques se détachent. Et d'abord celle de Krishnamurti.

---

1. Bernard Bastian, *Le New Age, l'hypothèse Gaïa et le chrétien*, *in* l'Usufruit de la Terre, FPH, 1997.

Ce brahmane indien qui porte le nom du dieu Krishna est né en 1895 dans le sud de l'Inde. Orphelin de mère, il est très tôt pris en charge par la Société de théosophie, créée aux USA en 1875. Cette société ésotérique dont le siège est en Inde vise à permettre à l'homme de développer pleinement ses potentialités latentes. Mais, bien vite, il se sent à l'étroit au sein de cette mouvance qui le reconnaît pourtant comme une sorte de nouveau messie. Il revendique une totale indépendance, qu'il conservera jusqu'à sa mort en Californie en 1986. Refusant absolument d'être considéré comme un gourou, il a résumé sa pensée dans une conférence fameuse donnée le 3 août 1929 à Ommen, aux Pays-Bas. Devant trois mille personnes, il déclara : « Je maintiens que la vérité est un pays sans chemin et que vous ne pouvez l'approcher par une voie, quelle qu'elle soit, ni par aucune religion, ni par aucune secte. » Thème qu'il reprit bien plus tard, en 1980, affirmant à propos de la vérité qu'« aucune organisation, aucune foi, nul dogme, prêtre ou rituel, nulle connaissance philosophique ou technique de psychologie ne peuvent y conduire l'homme ».

Voilà une opinion radicale qui pourrait s'apparenter à cette « déconstruction » prônée par Jacques Derrida, même si ce mot, qui fit la réputation du philosophe français, s'appliquait à un contexte tout différent...

Krishnamurti avait connu tout jeune des « états modifiés de conscience », expériences très appréciées dans le New Age. Il les a décrits comme une sorte « d'illumination intérieure, mais associée à une souffrance physique ; il se sentait envahi par une sorte de conscience et d'énergie qui le faisait craquer de toute part et le conduisirent parfois jusqu'à l'évanouissement ». Il souffrit de la sorte toute sa vie, ce qu'il considérait « non comme le symptôme d'une maladie, mais comme une nécessité », explique le professeur René Barbier[1]. À l'instar des adeptes de toutes les religions et de toutes les croyances, Krishnamurti portait-il un de ces fardeaux, qui accablent, selon lui, la pensée de l'homme, sa vie, ses relations ? Il préconise la connaissance de soi, la seule liberté qu'il reconnaisse, réduisant à l'extrême le concept de liberté tel qu'il est conçu par la modernité. Car, à ses yeux, cette connaissance de soi est un état « d'attention sans choix », une conscience éveillée et passive qui permet de saisir les relations de notre inconscient face aux épisodes de la vie, en éli-

1. *In* Fabrice Hervieu-Wane, « Krishnamurti : L'exigence d'inattendu », http//www.nouvellesclés.com.

minant toutes les ombres venant du vécu, du passé. Absence de choix, passivité : seul compte à ses yeux l'instant présent – autre thème très en vogue dans le New Age. Ici nous ne sommes pas loin du « non-agir » de Lao-tseu. Et sur un point au moins Krishnamurti se rapproche de Gandhi lorsqu'il centre son enseignement sur cette conviction que la société ne changera que si, dans la conscience personnelle de chacun, se produit une véritable mutation. « Incarne toi-même le changement que tu voudrais voir dans le monde », disait le Mahatma. C'est ici qu'il rejoint l'un des fondamentaux de la pensée écologique.

Dans la mouvance des idées symbolisées par Mai 68, Krishnamurti recueillit une considérable audience internationale. Son œuvre écrite, les enregistrements de ses conférences très suivies ont été diffusés partout dans le monde. Ce succès vint peut-être du fait que s'il pratiquait le doute méthodique, il plaida néanmoins pour l'amour et la compassion.

L'une des figures de ces nouveaux courants, plus proche de nous, est Paolo Coelho dont le premier ouvrage, *L'Alchimiste*[1], s'est vendu à

1. Paolo Coelho, *L'Alchimiste*, éd. Anne Carrière, 1994.

près de dix millions d'exemplaires. Revendiqué par le Nouvel Âge, Coelho est de sensibilité catholique et sans doute de tradition franc-maçonne. Il entame son récit devant une petite église dont le toit s'est depuis longtemps écroulé. Le héros du roman avait étudié la théologie. Mais connaître le monde était pour lui bien plus important. Aux yeux de Coelho – là est le fond de sa pensée –, il est une grande vérité en ce bas monde : « Qui que tu sois et quoi que tu fasses, lorsque tu veux vraiment quelque chose, c'est que ce désir est né dans l'âme de l'univers. » Ainsi chaque homme doit-il répondre positivement à l'appel qu'il ressent en lui pour accomplir « sa légende personnelle ».

La légende personnelle, « c'est ce que tu as toujours souhaité faire. Chacun de nous en sa prime jeunesse sait quelle est sa légende personnelle. À cette époque de la vie, tout est clair, tout est possible, et on n'a pas peur de rêver et de souhaiter tout ce que l'on voudrait faire de sa vie. Cependant, à mesure que le temps s'écoule, une force mystérieuse commence à essayer de prouver qu'il est impossible de réaliser cette légende personnelle. [...] C'est ta mission sur la terre : accomplir sa légende personnelle est la seule et unique obligation des hommes. Tout n'est qu'une seule chose et quand tu veux quelque chose, tout l'univers conspire à te permettre de réaliser ton désir ».

On conçoit que, dans un monde où le stress, les frustrations, les désirs insatisfaits sont le sort commun de tout un chacun, rêver à l'accomplissement de sa « légende personnelle » ne pouvait que séduire les quelque dix millions de lecteurs de Paolo Coelho. Celui-ci rejoint ici l'idée communément admise que le bonheur consiste à faire ce que l'on aime. Pourtant, l'immense majorité des gens n'y parviennent pas. D'où les nécessaires renoncements qui, dans toutes les traditions spirituelles d'Orient et d'Occident, font grandir l'âme humaine. Que n'a-t-on parlé jadis de l'esprit de sacrifice ! Mais, aujourd'hui, l'heure est à l'hédonisme, autre valeur contemporaine défendue avec talent par l'un de nos « nouveaux nouveaux philosophes », on ne peut plus visible dans le paysage médiatique et pas du tout New Age, lui : Michel Onfray.

Très New Age et touchante, l'initiative des jardins de Findhorn, en Écosse, à deux cents kilomètres au nord d'Édimbourg. Dans ces espaces désolés, battus par la mer et le vent, le climat est rude, la terre revêche. Néanmoins, un jour de l'automne 1962, Peter Caddy, ancien officier de la Royal Air Force, décida de cesser l'exploitation pourtant rentable de son hôtel pour s'installer avec sa femme Eileen, leurs enfants et une amie, Dorothy McLean, dans leur caravane familiale, sur le terrain de camping de Findhorn. Eileen et Dorothy pratiquent le *channeling* : elles reçoivent des messages de créatures célestes exhortant la petite communauté à créer un jardin potager sur ce sol où ne poussent qu'ajoncs et herbes folles. La famille entreprend de fabriquer du compost à l'aide de paille, d'algues et de crottin de cheval. Le sol s'amende, mais nos modernes Robinsons découvrent que sa fécondité augmente à l'aune de l'amour qu'ils mettent dans leur tâche et qu'ils transmettent à la terre : « J'étais réellement conscient des radiations de lumière et d'amour qui passaient à travers moi lorsque je travaillais. [...] Ce travail avait transformé ce lieu et créé un impalpable mur de lumière, comme un champ de forces autour de la caravane. »

Quelques mois plus tard, Dorothy reçoit au cours de sa méditation un message émis par un esprit habitant le royaume des plantes, un ange, un *deva*. Peter savait « que les *deva* font partie de la hiérarchie angélique qui maintient le modèle archétypal de chaque espèce et canalise l'énergie pour aider une plante à prendre forme sur le plan physique ». À partir de là commence une longue collaboration avec les *deva* des différentes espèces cultivées dans le jardin. Les légumes, les fruits, les fleurs sont magnifiques. Nombre de curieux accourent, et les années soixante-dix voient affluer d'abord des écotouristes, puis des amis, bientôt des adeptes. Une communauté se forme. La fondation Findhorn est née.

Les personnes venues de différentes nationalités et de différents horizons spirituels forment une communauté vivante où l'on prie pour la terre, pour les plantes et pour les hommes. Aucun credo n'est imposé, chacun est libre de reconnaître un, plusieurs ou aucun dieu. Bien entendu, à Findhorn, on n'utilise aucun engrais chimique. Des spécialistes de l'agronomie s'y rendent ; ils ne peuvent expliquer la quantité et la qualité des légumes et des fruits produits par ce jardin d'amour. Mais Peter Caddy, qui avait beaucoup voyagé en Inde et au Tibet, et y avait entendu parler des fameux *deva*, répond que c'est le soin et surtout l'amour que les jardiniers portent à leurs plantes qui expliquent les succès de leur croissance... et de celle de la fondation [1].

Un autre courant, dans les eaux mêlées du New Age, est aussi issu des Îles britanniques. Il s'agit de la fameuse hypothèse Gaïa, avancée par le géophysicien James Lovelock en collaboration avec la biologiste américaine Lynn Margulis. Dans la mythologie grecque, Gaïa

1. Carol Riddell, *Findhorn : 30 ans d'expérience*, Le Souffle d'or, 1992.

personnifie la Terre-Mère. Selon Lovelock, la Terre serait un organisme vivant, autorégulé comme tous les organismes individuels qu'elle porte dans sa biosphère, et comme tous les phénomènes qui permettent à la géosphère et à l'atmosphère de conserver leur équilibre. Il s'agit là d'un équilibre cybernétique où les effets rétroagissent sur les causes : un équilibre de nature cyclique, non linéaire. C'est ainsi que l'évolution des êtres vivants a modifié par exemple l'atmosphère de la Terre en l'enrichissant d'oxygène grâce à la photosynthèse des algues vertes marines. Cette nouvelle atmosphère a permis à son tour les étapes suivantes de l'évolution. Tout comme nos aliments sont digérés et recyclés par nos organismes, la Terre digère et recycle les débris animaux et végétaux. L'autorégulation est la règle ; l'équilibre, le résultat. Mais l'homme peut déséquilibrer cet organisme vivant, tout comme le sien propre peut lui aussi se déséquilibrer. Que des cellules prolifèrent anarchiquement, et c'est le cancer ; que les humains prolifèrent à la surface du globe, et c'est le cancer urbain. De même, que les hommes modifient radicalement la composition de l'atmosphère, et c'est un dérèglement du climat, le fameux réchauffement climatique qui se produira à leurs dépens. Peut-être que l'homme sera-t-il, *in fine,* éliminé comme tant d'espèces l'ont été avant lui au long de l'histoire géologique et biologique du globe.

L'hypothèse Gaïa est séduisante. Elle a pourtant été vertement critiquée par les figures régnantes du darwinisme, en particulier Richard Dawkins, lequel note que si Gaïa était un être vivant, elle partagerait avec tous les êtres vivants la capacité de se reproduire. Il ajoute de surcroît que cette théorie n'est pas scientifique, puisqu'il est impossible de la tester expérimentalement. Qu'importe ! Gaïa, parce qu'elle actualise le mythe ancestral de la Terre-Mère, est une des valeurs sûres du New Age. L'homme acquiert par là une identité « gaïenne » : « Car si Gaïa existe, nous en faisons partie ; nous faisons partie d'une vie plus vaste, d'un corps vivant d'un autre ordre de grandeur, d'une globalité à laquelle nous devons rendre des comptes [1]. » Il ne s'agit donc plus, pour un écologiste New Age, de penser à la planète, mais de penser *en tant que* planète.

Le retour à la Terre-Mère, les esprits animant les plantes : voilà que le New Age, dans ses formules les plus élaborées, rejoint les plus anciennes valeurs de l'animisme et des premières civilisations agricoles, adorant les

1. David Spangler, *Émergence, quand grandissent les enfants du Verseau*, Le Souffle d'or, 1985.

déesses de la Terre et de la fécondité. Rien de nouveau sous le soleil ? Créditons le New Age de proposer des valeurs de quête et de libération spirituelles qui contredisent le dogme matérialiste ambiant. Créditons-le aussi de porter un nouveau regard, sans doute plus global, sur les forces spirituelles liant l'homme et la nature, et d'inciter à une forme de vie plus sobre, plus équilibrée, par conséquent moins dévoreuse et prédatrice par rapport à la nature et à l'environnement. De ce point de vue, le New Age rejoint les traditions spirituelles les plus reculées. Hélène et Jean Bastaire [1] citent à ce sujet Chesterton qui écrivait : « La nature est une mère noble pour les adorateurs de Cybèle ; elle ne l'est pas pour saint François d'Assise aux yeux duquel elle est une sœur, et même une sœur cadette : une petite sœur, une sœur dansante dont on peut rire et que l'on peut aimer. »

Puis les Bastaire se font sévères et avancent quelques arguments qui méritent réflexion. Ils voient dans ces approches « une démarche régressive, un retour à la matrice. Les religions monothéistes ont coupé le cordon ombilical. Revenir au sein maternel est une abdication en quête de fusion. Elle se situe aux antipodes

1. Hélène et Jean Bastaire, *Le Cantique féminin de la Création*, *op. cit.*

d'une libération de l'homme adulte et d'une assomption de toute la Création au niveau de la nouvelle Terre et des nouveaux Cieux. » Pourtant, ces auteurs mettent en garde les chrétiens contre une pure réaction de rejet qui pourrait les faire verser dans une erreur inverse : ne pas voir le bien-fondé de la révolte de la nature et des hommes contre la « frénétique » instrumentalisation que développe notre temps. Ils poursuivent : « À sa racine, la colère que nourrit la sensibilité écologique ne peut être confondue avec une simple nostalgie pastorale bucolique. C'est le cri de l'ensemble des créatures, victime de la démesure prédatrice de l'homme. Encore plus essentiellement, au-delà des effets d'une gestion désastreuse, c'est la marque de l'oubli par l'homme de sa vocation de rédempteur cosmique. »

11

Dialogue ou intégrismes

Dans mon *Tour du monde d'un écologiste*, paru en 1990[1], j'évoquais les conséquences prévisibles du réchauffement climatique annoncé. Près de deux décennies plus tard, les choses parlent d'elles-mêmes. Partout dans le monde, les accidents météorologiques se multiplient : inondations, sécheresses, canicules, feux de forêt, cyclones et tornades. Selon les climatologues, ce ne serait là qu'un début.

D'autres menaces ont surgi depuis lors : la mondialisation de l'économie, présentée comme un fait incontournable, entraîne des désordres économiques croissants. En raison des inégalités de salaires et d'exigences environnementales au niveau de la production des services et des biens qui, avec l'idéologie du libre-échange, circulent sur la planète, profitant

1. Jean-Marie Pelt, *Le Tour du monde d'un écologiste*, Fayard, 1990.

du coût très bas des transports, la mondialisation déséquilibre les économies les plus sociales et les plus avancées. L'extraordinaire montée en puissance de la Chine et de l'Inde crée une menace immédiate pour les grands équilibres planétaires, tout en portant un préjudice majeur à l'environnement sur leur propre sol. Autre menace nouvelle encore : le terrorisme international, lié aux courants intégristes qui traversent le monde musulman. De fortes tensions se font jour et on est loin de l'euphorie qui suivit la chute du mur de Berlin.

Ces tensions ne cessent de se renforcer au fur et à mesure qu'accèdent au pouvoir suprême de nouveaux dirigeants. Partout ce sont les plus « durs » qui l'emportent. George Bush, le belliqueux, a remplacé Clinton, le négociateur ; Poutine, le néocommuniste, s'emploie à faire oublier l'œuvre de démocratisation de son prédécesseur, Boris Eltsine. De son côté, le monde musulman se radicalise. En Iran, Ahmadinejad pousse le bouchon beaucoup plus loin que ne le fit son prédécesseur Mohammed Khatami, un modéré. En Palestine, les durs du Hamas ont battu les négociateurs du Fatah, encore que ces derniers, vu le raidissement d'Israël, n'aient pas eu beaucoup à négocier. Et au Liban le Hezbollah prend ses aises. D'élection en élection, dans tous les pays musulmans, l'intégrisme progresse et dans la très démocratique et laïque Turquie, ce sont les islamistes, certes modérés, qui l'ont emporté. Partout manifestations et revendications se multiplient pour exiger la reconstitution du califat, entité politique qui regrouperait tous les musulmans de la planète au sein d'un État islamique soumis à la loi coranique : la charia. Certes, ces revendications restent minoritaires dans l'Islam contemporain, mais elles illustrent une tendance qui va en se renforçant.

Aux États-Unis, les courants évangélistes intégristes prospèrent, comme l'illustre la vigoureuse controverse sur le créationnisme. Darwin est en ligne de mire, l'évolution biologique mise en doute, la science contestée, l'interprétation littérale de la Bible promue.

Ces durs replis identitaires, qui n'épargnent aucun pays, sont le fruit amer de la culture mondialisée que diffusent avec une belle unanimité les télévisions du monde entier. Les mêmes séries américaines y illustrent les « pseudo-valeurs » d'une sorte de « sous-humanité » où l'argent, le sexe et la violence s'étalent avec insolence ; d'où des réactions équivoques de désir et de rejet, d'attraction-répulsion, poussant les peuples à chercher refuge dans leurs traditions ancestrales. Ce phénomène est particulièrement net dans le monde musulman.

Si une telle tendance devait se renforcer, l'issue inéluctable pourrait être le tragique et fameux « choc des cultures », avec une confrontation mondiale à la clé. Il est donc d'une urgence extrême que les hommes de dialogue se reconnaissent, se rejoignent et coopèrent par-delà les frontières idéologiques et politiques. Comme le note pertinemment André Comte-Sponville, le fossé n'est plus aujourd'hui entre l'athée et le croyant, mais bien davantage entre l'homme de dialogue et l'intégriste, quelle que soit la religion de référence. Nous avons, dit-il, croyants ou athées, besoin des mêmes valeurs, « d'une morale, d'une communion, d'une fidélité pour pouvoir subsister d'une façon qui nous paraisse humainement acceptable. [...] Sincèrement, est-ce que vous avez besoin de croire en Dieu pour penser que la sincérité vaut mieux que le mensonge, que le courage vaut mieux que la lâcheté, que la générosité vaut mieux que l'égoïsme, que la douceur et la compassion valent mieux que la violence ou la cruauté, que la justice vaut mieux que l'injustice, que l'amour vaut mieux que la haine [1] ? » Ce credo

1. André Comte-Sponville, *L'Esprit de l'athéisme*, Albin Michel, 2006.

d'un athée militant est profondément émouvant. Il témoigne à quel point les uns et les autres peuvent et doivent s'employer à faire vivre ces valeurs pour tenter d'endiguer la tentation du durcissement et de l'intégrisme, si menaçants et dangereux pour la paix de la communauté humaine tout entière.

C'est dans cette perspective que se développent les dialogues interreligieux et œcuméniques. L'événement majeur de ce dialogue fut la rencontre organisée par le pape Jean-Paul II à Assise, le 27 octobre 1986, rencontre, évoquée précédemment à laquelle participaient les plus hauts représentants de toutes les religions du monde. Jamais un tel événement ne s'était produit. Bien qu'il se soit agi d'une rencontre pour la paix, les préoccupations écologiques communes à l'humanité et à toutes ses traditions spirituelles étaient suggérées dès lors que ce rassemblement se tenait à Assise sous l'égide de saint François.

Ses propos touchant à la morale personnelle ayant été bien plus médiatisés, on sait peu que Jean-Paul II était très préoccupé par ces questions. Ainsi de ses déclarations en 1982 lors du huitième centenaire de la naissance de François d'Assise : pour lui, l'exemple du frère universel « démontre avec force que les créatures et les éléments ne seront protégés de toute violation injuste et nuisible que dans la mesure où on les considérera comme des êtres à l'égard desquels l'homme est lié par des devoirs ». Et, lors de son message pour la paix de janvier 1990, il souligne « le rapport entre l'agir humain et l'intégrité de la Création. Lorsqu'il s'écarte du dessein de Dieu créateur, l'homme provoque un désordre qui se répercute inévitablement sur le reste de la Création. Si l'homme n'est pas en paix avec Dieu, la Terre elle-même n'est pas en paix. L'expérience de cette "souffrance" de la Terre nous est commune avec ceux qui ne partagent pas notre foi ». Pour Jean-Paul II, « le monde est un vrai cosmos pourvu d'une intégrité propre et d'un équilibre dynamique. Cet ordre doit être respecté, l'humanité est appelée à l'explorer, à le découvrir avec une grande prudence, et à en faire ensuite usage en sauvegardant son intégrité ».

Mais le pape polonais sait aussi se montrer poète. Lors de sa dernière visite dans sa patrie, en 1999, il s'exclame : « Ici l'azur du ciel, le vert des bois et des champs, l'argent des lacs et des fleuves semblent parler avec une puissance exceptionnelle. Ici le chant des oiseaux retentit d'une manière particulièrement familière. Toutes ces créatures parlent de leur sainteté et de leur dignité recouvrées quand celui qui fut "engendré avant toute créature" a pris un corps dans le sein de la Vierge Marie. » Car si le fils de Dieu est venu dans le monde, ce fut aussi « pour nous faire voir par sa venue même cette particulière dignité de la nature créée [1] ».

À cette nature créée, les orthodoxes consacrent chaque année la liturgie du 1er septembre, ouvrant ce jour-là le cycle annuel des célébrations dominicales. On sait le fort engagement pour l'écologie du patriarche œcuménique Bartolomeo Ier. Il organise chaque année des colloques sur les grandes thématiques écologiques et réunit au Phanar, siège du patriarcat œcuménique de Constantinople (Istanbul), des représentants de toutes les religions monothéistes pour débattre, réfléchir et prier ensemble sur les liens étroits qui unissent l'homme à la nature. En juin 2002, le pape et le patriarche, réunis à Venise, publièrent une déclaration œcuménique se terminant par un message résolument optimiste : « Il n'est pas trop tard. Le monde créé par Dieu possède d'incroyables pouvoirs de guérison. En une seule génération, nous pourrions guider la Terre vers l'avenir de nos enfants. Faisons en sorte que cette génération commence maintenant avec l'aide et la bénédiction de Dieu [2]. »

---

1. Jean-Paul II, *Les Gémissements de la Création*, Parole et Silence, 2006.
2. Jean-Paul II, *ibid.*

De son côté, l'évêque anglican de Londres, le Dr Richard Chartres, a pris l'engagement de ne pas prendre l'avion, gros émetteur de gaz à effet de serre, pendant un an, pour marquer son engagement en faveur de l'environnement.

Les communautés protestantes ne sont pas en reste et ont joué un rôle décisif dans l'organisation de grands rassemblements œcuméniques. Très axées sur l'idée de la responsabilité de l'homme à l'égard de la Création, elles partagent avec Calvin et le grand théologien Karl Barth de fortes réserves sur l'idolâtrie de la technologie et du consumérisme.

Le mouvement œcuménique en faveur de la justice, de la paix et de l'intégrité de la Création a vu le jour en 1983 à Vancouver, lors de la sixième assemblée du Conseil œcuménique des Églises qui regroupe toutes les Églises chrétiennes, hormis le catholicisme, toutefois présent à titre d'observateur. Deux ans plus tard, l'éminent savant allemand Carl Friedrich von Weizsäcker lançait un vibrant appel pour la convocation d'un concile de la paix, évidemment œcuménique, car, dit-il dans une expression demeurée célèbre, « le temps presse ! ». De là est née l'idée d'une Assemblée mondiale des chrétiens pour la justice, la paix et la préservation de la Création, qui s'est tenue à Séoul du 6 au 12 mars 1990.

Pour préparer cette rencontre, le premier rassemblement œcuménique européen eut lieu du 15 au 21 mai 1989 à Bâle où sept cents délégués, pour moitié catholiques et pour moitié issus du Conseil œcuménique des Églises, publièrent un document unique adopté à une écrasante majorité. C'était, dans l'histoire, la première fois, depuis la Réforme, que les diverses Églises du continent se rencontraient et coopéraient officiellement. Dans ce document de trente pages, les préoccupations écologiques tenaient une place essentielle.

Le mur de Berlin tomba six mois plus tard. Un second rassemblement fut alors organisé à Graz, en Autriche, du 23 au 29 juin 1997, avec cette fois la présence des représentants des Églises d'Europe centrale et orientale, muselées jusque-là par l'appareil communiste. À nouveau, dans ses conclusions, l'écologie tint une place essentielle. Aujourd'hui, le réseau chrétien européen pour l'environnement (ECEN), dont le siège est à Bruxelles, est un forum d'échanges sur ces thèmes.

Au sein du catholicisme, le mouvement Pax Christi, dirigé par, Mgr Marc Stenger, évêque de Troyes, ainsi que par Jean-Pierre Ribaut, ancien directeur de la Protection de la nature au Conseil de l'Europe, a créé en son sein une commission pour « la sauvegarde et la gérance de la Création ». Ce mouvement, en relation avec plusieurs grandes fondations et le Conseil de l'Europe, a organisé l'important colloque de Klingenthal, en Alsace, qui associa des représentants des diverses traditions spirituelles du monde, faisant une part importante aux spiritualités de l'Orient et des peuples premiers. La charte de Klingenthal a été cosignée par des représentants des diverses traditions du monde, toutes engagées dans la sauvegarde et la protection de la nature.

Parallèlement au dialogue œcuménique, le dialogue interreligieux se poursuit et s'amplifie. Observateur à la dernière session du concile Vatican II en 1965, mon regretté ami André Chouraqui, réputé pour ses traductions de la Bible et du Coran et ancien maire adjoint de Jérusalem, prenait avec le recteur de la mosquée de Paris, Si Hamza Boubakeur, père de l'actuel recteur, et le père Michel Riquet connu pour ses prédications à Notre-Dame, l'initiative de rencontres entre juifs, musulmans et chrétiens. Ainsi naquit, en 1967, la fraternité d'Abraham, association laïque de droit français réunissant selon ses statuts « tous ceux qui sont attachés aux valeurs spirituelles, morales et culturelles issues de la tradition d'Abraham.

Elle s'efforce d'approfondir la compréhension mutuelle ainsi qu'à protéger et à promouvoir ensemble pour tous les hommes la justice et les valeurs morales, la paix et la liberté ». La fraternité organise depuis lors conférences et colloques afin de rapprocher les croyants des trois religions du livre.

Si entre-temps, et notamment depuis le Concile, le dialogue judéo-chrétien s'est sans cesse approfondi, le dialogue avec l'islam a connu seulement récemment une initiative positive à l'occasion d'une lettre, signée par cent trente-huit théologiens et religieux musulmans, adressée au pape Benoît XVI et à une trentaine de chefs d'Églises orthodoxe et protestante le 11 octobre 2007. Ces hauts représentants de l'islam se prononcent pour un approfondissement du dialogue avec le christianisme. Ils déclarent que « si les musulmans et les chrétiens ne vivent pas en paix, le monde ne peut vivre en paix ». Ce dialogue entre les deux plus grandes religions du monde se déroule notamment dans le cadre du projet « oasis » animé par le cardinal Scola, patriarche de Venise. Il entend s'organiser autour de deux principes : « l'amour du Dieu unique et l'amour du prochain », à travers les deux traditions religieuses dans un climat « d'émulation spirituelle ». « Rivalisons les uns avec les autres dans la piété et les bonnes œuvres », dit la lettre.

Il est regrettable que les médias qui mettent en scène jour après jour conflits et affrontements passent sous silence l'inlassable travail des artisans de paix, comme par exemple l'implication de l'association catholique « Sant'Egidio » dans le désamorçage des conflits un peu partout dans le monde et la promotion de la paix. Demandons à nos médias de se faire davantage l'écho de ces graines d'espérance partout semées et qui porteront leurs fruits en temps voulu.

Ces évocations quelque peu collatérales par rapport aux objectifs de cet ouvrage, *Nature et spiritualité*, s'imposaient néanmoins. La nature en effet peut être source de conflits lorsque ses ressources se raréfient, eau ou combustibles fossiles, amenant les peuples à s'affronter pour les acquérir. De ce point de vue, l'écologie et la paix ont partie liée, la première étant un facteur déterminant pour le maintien de la seconde. De surcroît, le dialogue interreligieux évoqué ici s'inscrit dans les initiatives visant à faire tomber la menace du terrorisme et du choc des cultures.

Ce tour d'horizon serait incomplet s'il omettait de souligner l'important effort déployé par la plus grande association écologique mondiale : la World Wildlife Foundation (WWF), en faveur d'un dialogue avec toutes les religions sur les thèmes de la sauvegarde et de la protection. Plusieurs colloques ont ainsi été organisés par ce mouvement à Katmandou en novembre 2000, puis au monastère orthodoxe de Solan, dans le Gard, en octobre 2001, enfin au Mont-Saint-Michel en 2005. À l'initiative de Thierry Thouvenot, l'objectif visé par la WWF était double. En premier lieu, inviter les grandes traditions spirituelles à revisiter leur propre patrimoine pour mettre en valeur leurs textes sacrés et leurs pratiques rituelles ayant trait à la nature – moyen dont ne dispose aucune association, si puissante soit-elle, de toucher, à travers les religions, des centaines de millions de fidèles, de les sensibiliser et de les mobiliser en faveur de l'écologie. En second lieu, les inviter à faire « des cadeaux à la Terre ». Vingt-six « cadeaux sacrés pour une planète vivante » furent remis au cours de la cérémonie organisée à Katmandou par WWF, en partenariat avec l'Alliance of Religions and Conservation (ARC). On ne s'étonnera pas que le plus gros cadeau soit venu de l'Église méthodiste américaine qui s'engagea à transférer la totalité de sa trésorerie dans un fonds d'investissement éthique « vert », pour un montant équivalent à trente milliards de dollars ! Plus modeste fut la contribution des pêcheurs musulmans de Zanzibar qui s'engagèrent à sauver les sites de ponte des tortues marines en créant une zone naturelle protégée islamique, une *hima*. Le gouvernement d'Arabie Saoudite créait pour sa part la première réserve de biosphère du pays. L'association taoïste de Chine, qui regroupe les quelque quarante millions de taoïstes chinois, a renoncé à toute utilisation d'espèces sauvages menacées dans les préparations de médecine traditionnelle, tandis que les leaders bouddhistes de Mongolie rétablissaient l'interdiction totale de la chasse sur leurs sites sacrés pour aider à la protection de plusieurs espèces rares et menacées, dont le léopard des neiges. Les responsables de deux institutions juives américaines lançaient de leur côté un programme de conservation destiné à la fois à lutter contre le changement climatique et à promouvoir le Forest Stewardship Council (FSC), conseil de bonne gestion forestière, label écologique qui garantit une utilisation saine et durable des forêts. Enfin, des monastères catholiques regroupés au sein de l'Alliance intermonastère se sont engagés dans la mise en œuvre des pratiques du développement durable dans plusieurs monastères bénédictins, en France et sur les autres continents [1].

1. On pourra se reporter sur ce point à mon ouvrage *C'est vert et ça marche*, Fayard, 2007.

Les initiatives, on le voit, se multiplient, comme d'ailleurs les échanges interreligieux avec notamment les bouddhistes et les musulmans. Suffiront-elles à inverser le cours des choses ? On déplore souvent et à bon droit l'insuffisance du dialogue interreligieux et le peu d'avancées concrètes constatées à l'issue de rencontres œcuméniques pourtant nombreuses. Le peuple chrétien, au moins en Occident, serait sans doute disponible pour soutenir un grand élan prophétique en faveur d'une unité que freinent cependant les pointilleuses controverses opposant les théologiens qui, en revisitant les conditions du schisme de 1056, qui sépara les Églises d'Orient et d'Occident, et celles de la Réforme du XVIe siècle, ont bien du mal à renouer des liens brisés par les convulsions de l'Histoire. Il n'est certes pas question de faire du syncrétisme, et chaque tradition doit au contraire valoriser son propre patrimoine et s'enraciner dans ses propres valeurs. L'unité ne postule pas l'uniformité, et, sur ce point, invitons plutôt les Églises à méditer cette leçon d'écologie : la nature, la vie sont à la fois une et diverses. C'est ce chemin que devraient emprunter les familles chrétiennes, et, encore plus avant, la grande famille des croyants : s'unir sur ce que nous avons tous en commun – la transcendance et la nature –, et que chacune garde évidemment sa singularité. Car la diversité est une richesse.

Cette belle histoire qui met en scène le Mahatma Gandhi pourrait nous aider à nous orienter dans cette voie :

Germaine était une jeune fille dont le père, maçon descendu du Piémont, construisait des hôtels sur la Croisette, à Cannes, au début du siècle dernier. Fervente catholique, elle avait fait sa communion solennelle et avait obtenu un emploi de femme de chambre au Carlton où descendit un jour, avec sa suite, l'un des plus grands maharadjahs de l'Inde, le maharadjah de Kapurthala. Ému par la grâce et la beauté de la femme de chambre, ce seigneur lui demanda d'emblée sa main. Témoignant d'un caractère bien trempé, et à la plus grande stupeur de ses parents, Germaine accepta sur-le-champ. Elle embarqua donc pour l'Inde en 1926 et découvrit un monde qu'elle n'aurait jamais imaginé. À cette époque, le grand supermarché des religions qui s'offre à nous aujourd'hui, où les uns et les autres puisent telle ou telle croyance ou pratique pour se faire sa propre religion à la carte, n'était pas encore ouvert. Germaine découvrit l'hindouisme et fut amenée à s'interroger sur le fait que ce qui était vérité en France ne l'était pas en Inde, et inversement. Elle reprenait là à son compte, sans le savoir, la fameuse phrase de Pilate à Jésus : « Qu'est-ce que la vérité ? » Préoccupée par ce dilemme qu'elle ne parvenait pas à résoudre, elle décida de s'en ouvrir un jour à Gandhi, son voisin de table, lors d'un repas offert par le vice-roi des Indes. Sur une page de son carnet qu'il lui laissa, qu'elle conserva pieusement et me montra un jour, Gandhi inscrivit : « *God is truth* » – Dieu est la vérité.

Si, comme le note pertinemment Teilhard de Chardin, tout ce qui monte converge, alors devraient se dessiner des itinéraires de rencontre et de partage. Or, il semble que la commune préoccupation concernant la crise écologique annoncée, et qui, à la suite du réchauffement climatique, sera sans doute sévère, devrait donner un sérieux coup de pouce en ce sens, puisque, sur ces thèmes, tous sont d'accord pour se mettre au service de l'humanité entière et de la planète qui l'abrite.

Pourtant, nous ne disposons pas des instruments juridiques qui donneraient force et consistance à un tel mouvement. La communauté internationale s'est organisée autour de la Charte des Nations unies et de la Déclaration des droits de l'homme en proposant – en imposant ?– à l'humanité les valeurs de l'Occident, issues du siècle des lumières, et ce, à une époque où l'impérialisme colonial était encore de règle et où ces valeurs entendaient bien marquer leur primauté sur toutes les autres. Osera-t-on se risquer à dire que ces textes ont vieilli ? Rédigée dans la foulée de la révolution française, la Déclaration des droits de l'homme et du citoyen manifeste avec vigueur la volonté du peuple français de se libérer de la double tutelle de la monarchie et de l'Église. D'où la fière affirmation d'une longue liste de droits, proclamés haut et fort, sans qu'il soit question de devoirs, contrepartie naturelle des droits ; sans que soit surtout stipulé celui de ne pas empiéter, par l'exercice de ces droits, sur la liberté des autres de faire valoir les leurs.

D'autre part, ce texte emblématique ne pouvait, à cette époque, prendre en compte les relations de l'humanité avec la nature. Car si la question sociale se posait déjà, la « question naturelle » n'était pas encore à l'ordre du jour. Voulant englober tous les humains, la Déclaration ne fait non plus aucune allusion à la transcendance qui est pourtant présente dans toutes les spiritualités, on l'a vu. Elle ne prend donc nullement en compte la riche diversité des traditions spirituelles de l'humanité. Elle ne parle pas davantage des relations de fraternité susceptibles de créer un lien fort entre tous les Terriens. Bref, ce texte auquel nous sommes tous viscéralement attachés est quelque peu en décalage avec les aspirations, certes parfois contradictoires, d'une majorité des habitants de la planète.

Qu'il soit permis de rêver et d'imaginer qu'une nouvelle charte puisse s'élaborer à l'initiative des grands courants spirituels et écologistes. On parle beaucoup aujourd'hui du retour du religieux, mais c'est davantage pour en constater les risques, liés à la montée des intégrismes, que les bénéfices qui pourraient en résulter. Or ces bénéfices consisteraient d'abord, justement, à faire reculer les intégrismes ! Un moyen serait l'adoption d'une charte exprimant les valeurs mises en avant au long de ces pages, dans lesquelles se reconnaîtraient toutes les traditions spirituelles du monde. Comme, en France, la charte de l'environnement, adoptée par le Congrès associant députés et sénateurs, a désormais valeur constitutionnelle, ayant été « adossée » en 2006 à la Constitution de la République française, un texte de cette nature, fondé sur les deux piliers de la sagesse, écologie et spiritualité, pourrait à son tour être « adossé » à la Déclaration onusienne qui garde naturellement toute sa valeur. Au moins pourrait-on en limiter la teneur à l'environnement, puisqu'il paraît encore trop tôt pour imaginer des convergences dessinées et reconnues par toutes les spiritualités du monde.

Ce serait là un geste symbolique et prophétique marquant une étape décisive sur le chemin de la réconciliation et de la paix.

CONCLUSION

Pour une civilisation de l'amour

L'humanité est à un tournant décisif de sa carrière. Depuis la nuit des temps, l'évolution a peuplé la Terre d'une myriade d'espèces vivantes. Puis est venu l'homme qui, pendant deux cent mille ans, poursuivit, *sapiens* ou *demens*, la longue histoire de la vie. Peu à peu, il a accédé à la conscience, et la vie a pris un autre cours. En modifiant le milieu à sa convenance, il est devenu un acteur majeur de l'histoire de la Terre. Puis tout s'est emballé. Une explosion démographique sans précédent, jointe à un bond technologique inimaginable il y a encore quelques siècles, ont radicalement modifié la donne. En moins de deux siècles, depuis le début de l'ère industrielle, l'homme a brusquement pris en main, sans même en être conscient, la marche de l'évolution. Il lui appartient désormais de tracer son chemin, car son propre avenir et celui de la planète sont désormais entre ses mains.

Pour la première fois dans l'histoire de la Vie, une espèce se voit investie d'une telle responsabilité. Pour la première fois, l'homme détient les moyens de se détruire, ce qu'aucune autre espèce jamais n'aurait pu faire. Pis encore : une telle échéance est à portée de vue, tant est rapide le rythme que la modernité impose à la marche du monde. Le changement, érigé en valeur suprême, nous pousse à aller toujours plus vite, toujours plus loin. La croissance, dogme intangible de l'économie, exprime cette impérieuse nécessité. Pourtant, la nature ne suit plus : ses réserves s'épuisent, le climat est bouleversé, ses grands équilibres menacés... Mais qui donc parle d'équilibre, sinon épisodiquement, quand la Bourse connaît un de ces coups de folie dont elle est coutumière ? Or l'équilibre véritable, c'est celui du cycliste ou du motard : s'ils s'arrêtent, ils tombent. À moins de mettre pied à terre...

Or voici précisément venu le temps de mettre pied à terre pour réfléchir et pour souffler, si nous voulons assurer à nos enfants un avenir vivable. Car nous voici, nous, humains, devant le « grand choix » : ou on continue comme avant, et c'est l'impasse, voire la catastrophe ; ou on fait autrement, et on crée une nouvelle civilisation, laquelle présuppose une véritable révolution culturelle.

L'impasse, c'est la poursuite d'un mécanisme implacable où la Terre est perçue comme une réserve de ressources en combustibles fossiles et en minerais que l'on vide sans le moindre souci des générations futures (sur ce plan, les Chinois sont imbattables) ; mais aussi comme un dépotoir de déchets qui s'accumulent dans l'eau, dans l'air et dans les sols, portant de graves préjudices à l'environnement et à la santé. Pour éviter que le piège se referme, un passage rapide à ce nouveau mode de fonctionnement qu'est le développement durable s'impose comme une urgente nécessité. En ce domaine, des résultats positifs sont déjà acquis [1].

L'écologie est le seul concept susceptible de produire, face aux désastres qui s'annoncent, cette véritable « insurrection des consciences » qu'appelle de ses vœux mon ami Pierre Rabhi. La mouvance écologique fermente partout dans le monde. Elle génère une nouvelle éthique et de nouveaux comportements face à la tyrannie d'un capitalisme dévoyé et préda-

---

1. Jean-Marie Pelt, *C'est vert et ça marche*, Fayard, 2007.

teur créant sans cesse, particulièrement chez les plus pauvres, de nouveaux désirs perpétuellement insatisfaits. Ainsi chacun se sent pauvre de quelque chose, inconscient de ce que la sobriété est spirituellement et moralement une vraie richesse.

Yves Paccalet[1] nous offre un joli florilège de citations, des sages les plus anciens aux figures plus modernes, nous invitant à la sobriété. Pour Lao-tseu, déjà cité, « il n'est de plus grande erreur que de vouloir satisfaire ses désirs, il n'est de plus grande misère que de ne savoir se suffire, il n'est de pire calamité que le désir de posséder ; celui qui sait se contenter de peu est toujours satisfait ». Dans son *De natura rerum*, Lucrèce enchaîne : « Si l'on se conduisait par les conseils de la sagesse, l'homme trouverait la suprême richesse à vivre content de peu, car de ce peu jamais il n'y a disette. » Certes, nous ne sommes pas condamnés à imiter Diogène qui vivait quasiment nu dans son tonneau. Un jour, Alexandre le Grand vint le visiter à Athènes et lui proposa d'améliorer son sort ; il s'entendit répliquer : « Ôte-toi de mon soleil ! » Le souverain s'écarta. Nul autre que le célèbre SDF n'aurait pu se permettre pareille insolence sans avoir

1. Yves Paccalet, *Sortie de secours*, Arthaud, 2007.

sur-le-champ la tête tranchée. Pour Gandhi, « les riches doivent vivre plus simplement pour que les pauvres puissent simplement vivre », et Yves Paccalet de conclure : « Le bonheur est dans le peu. »

Voici donc que l'écologie nous invite à être tous indiens, tous bouddhistes, tous musulmans, tous chrétiens. Ce qui suppose une vraie révolution de l'économie : non plus des hommes nomades et mobiles au service d'une économie mondialisée, prédatrice et consumériste, mais une économie relocalisée au service d'hommes réenracinés, en équilibre avec leur terre et leurs terroirs.

Cette invitation à la modération n'est pas qu'une exigence morale. Elle repose aussi sur une exigence de justice et de partage. Si tous les Terriens vivaient comme un Américain, il ne faudrait pas moins de six planètes pour satisfaire leurs insatiables besoins. Or nous n'en avons qu'une. Et si nous ne l'avons pas encore complètement épuisée, c'est parce que les peuples du tiers-monde, les plus nombreux, doivent se contenter de la portion congrue, à l'instar du pauvre Lazare qui se nourrissait des reliefs du mauvais riche de l'Évangile. En effet, si tous les Terriens vivaient comme un Érythréen ou un Afghan, il ne faudrait que 0,4 planète pour satisfaire leurs besoins. Un tel écart entre les plus riches et les plus pauvres est inacceptable. Et il est encore moins acceptable que cet écart ne cesse de se creuser entre les nations, et au sein même de chaque pays, sous l'effet d'un libéralisme débridé et non régulé.

Une deuxième mutation, urgente elle aussi, est celle de la politique. Les Romains disaient des premiers chrétiens : « Voyez comme ils s'aiment ! » À suivre à la télévision la scène politique, chacun de conclure : « Voyez comme ils ne s'aiment pas ! » Est-ce si sûr ? Nous savons tous que dans les commissions parlementaires, les élus de toutes tendances travaillent ensemble paisiblement hors du champ des caméras. Faut-il perpétuer la constante mise en scène de leurs conflits ? Or, quelles que soient les étiquettes politiques, l'écologie peut et doit faire consensus, car les valeurs qu'elle porte sont universelles, valent pour tous, plus particulièrement pour la génération de nos propres enfants. Apprenons, dans une vision renouvelée de la démocratie, à cultiver des relations humaines apaisées, fondées sur le respect mutuel et la recherche patiente des consensus. C'est ainsi que travaille par exemple le Parlement européen.

Apprenons à ne plus être celui qui, comme on dit à la télévision, « se bat », est en « colère », mais à être des hommes debout, responsables, et qui « s'engagent ». Inventons un autre langage, d'autres comportements fondés sur le respect, la miséricorde, le pardon, ce qui n'exclut nullement la quête de la justice et plus encore de la justesse. Ce qui vaut pour les citoyens et pour les acteurs de la vie publique vaut aussi pour les États, significativement qualifiés de puissances, voire de « grandes » puissances. Or leur « montée en puissance » génère des risques d'affrontements et de confrontations guerrières chaque jour plus perceptibles. L'écologie appelle au contraire à un renforcement de la communauté internationale, notre « Terre-Patrie », comme aime à dire Edgar Morin. Les problèmes majeurs, la pauvreté, le manque d'eau, les pandémies, le réchauffement climatique sont planétaires et ne trouveront de solutions qu'à ce niveau. « Penser globalement, agir localement », tel fut jadis le maître mot de l'écologie. Il reste d'actualité et exige le dépassement des égoïsmes nationaux et l'émergence d'un profond et solidaire sentiment d'appartenance à cette commune « Terre-Patrie ».

Une troisième mutation doit toucher l'école. L'écologie doit y être présente depuis la maternelle jusqu'à l'université, mais aussi la spiritualité, soigneusement évincée au nom d'une conception étriquée de la laïcité. Serait-il si scandaleux d'apprendre à nos enfants la « règle d'or » des Anciens, présente dans les textes sacrés de toutes les religions du monde, selon laquelle « il ne faut pas faire aux autres ce qu'on ne voudrait pas qu'ils nous fassent » ? Serait-ce vraiment attenter à la laïcité que de parler déjà aux tout-petits d'amour, de bonté, de beauté, de pardon, de générosité, de courage, toutes vertus soigneusement renvoyées dans la sphère privée, c'est-à-dire, pour la plupart, et lorsque les parents sont défaillants, nulle part ?

Enfin la quatrième mutation, la plus urgente, la plus inimaginable, la plus inouïe, serait une révolution de la télévision. Jamais n'y paraissent les grandes figures de l'humanité, hormis les rois ou les guerriers. Mais les savants ont disparu, remplacés par des « chercheurs » qui ne sont pas nécessairement savants. La disparition de l'abbé Pierre a effacé l'ultime référence populaire à la sainteté. Quant aux sages, on peut se demander si, avec le décès de Théodore Monod, qui fut à la fois un sage, un savant et un saint, ils n'ont pas disparu à leur tour. Aux yeux de nos enfants, mais aussi de leurs parents, ils sont remplacés par les animateurs de télé, les vedettes du show-biz, les sportifs. Il faut donc inverser le mouvement et porter à l'écran les grandes figures de l'humanité, celles qui ont fait honneur à notre espèce. Avons-nous tant besoin d'assister au déballage de la vie privée de ces quidams dont la téléréalité nous abreuve ? Et d'être assaillis de faits divers à longueur de journaux télévisés quand le monde entier frappe à nos portes et attend de nous des paroles fortes, des messages d'espoir ?

Nourrie au McDo, notre jeunesse est dénutrie spirituellement. Pourtant, elle est en recherche. L'écologie la concerne au premier chef. Comme toutes les jeunesses du monde, génération après génération, elle s'interroge sur son avenir, même si la société redouble d'habileté, la pourvoyant de suffisamment de gadgets technologiques pour qu'il ne lui reste plus une seconde pour penser. Ce qu'il nous faut, en bref, c'est une nouvelle civilisation. Oserons-nous l'appeler « civilisation de l'amour » ?

Dans un ouvrage déjà ancien[1], j'avais proposé la promotion d'une nouvelle écologie,

---

1. Jean-Marie Pelt, *Au fond de mon jardin*, Fayard, 1992.

d'une « métaécologie » qui intégrerait la puissance spirituelle de l'homme, seule capable d'assurer la paix dans la nature et entre les hommes. Car seule cette dimension illustrée par les sages et les saints de toutes les civilisations et de tous les temps nous permettra de réussir le dur examen de passage que nous allons devoir aborder au cours des prochaines décennies. Oublier que l'homme est doué de potentialités spirituelles pour le réduire à ses dimensions naturelles, économiques et sociales serait une erreur absolue – une erreur et une horreur ! Une nouvelle éthique s'impose, celle de cette écologie spiritualiste, de cette « métaécologie », seule voie ouverte sur le futur, qui intègre aux acquis des grands courants spirituels ceux, plus récents et universels, de l'écologie.

Si cette authentique révolution culturelle devait échouer, hypothèse à ne pas exclure, nous devrions alors nous reconnaître dans les prédictions des auteurs hindous de la haute Antiquité qui annonçaient l'entrée de l'humanité dans la dernière phase d'un cycle, le Kaliyuga, l'« ère du crépuscule ». Durant cette ère, tout va de plus en plus vite ; c'est même ce qui la caractérise de prime abord. Ainsi lit-on dans le *Lingä Purânä*, dont la rédaction remonterait au IVe siècle après J.-C. :

« Ce sont les plus bas instincts qui stimulent les hommes du Kali-yuga. Ils choisissent de préférence les idées fausses. Ils n'hésitent pas à persécuter les sages. [...] Les livres sacrés ne sont plus respectés. Les hommes sont sans morale, irritables et sectaires. Dans l'âge de Kali se répandent de fausses doctrines et des écrits trompeurs. [...] On tuera les fœtus dans le ventre de leur mère et on assassinera les héros. Les shudras (ouvriers) prétendront se comporter comme des brahmanes, et les prêtres comme des ouvriers. [...] Nombreuses seront les femmes qui auront des rapports avec plusieurs hommes. [...] Des hommes vils qui auront acquis un certain savoir, sans avoir les vertus nécessaires à son usage, seront honorés comme des sages. [...] Il y aura beaucoup de personnes déplacées, errant d'un pays à l'autre [...], beaucoup de mendiants et de sans-travail. Tout le monde emploiera des mots durs et grossiers. On ne pourra se fier à personne. Les gens seront envieux. [...] Beaucoup d'individus seront perfides, lubriques, vils et risque-tout. Ils porteront les cheveux en désordre. [...] Des aventuriers prendront l'apparence de moines avec la tête rasée. »

Autre livre sacré de l'Inde, le *Vishnu Purânä* force encore le trait :

« Des gens non qualifiés passeront pour experts en matière de morale et de religion. [...]

Les agriculteurs abandonneront leurs travaux de labour et de moisson pour devenir des ouvriers non spécialisés. Beaucoup seront sans travail, vivant comme des miséreux. [...] Les hommes de peu d'intelligence, influencés par des théories aberrantes, vivront dans l'erreur. Ils demanderont : "À quoi bon ces dieux, ces prêtres, ces livres saints... ? [1]" »

Ces textes surprenants pourraient avoir été écrits hier par un esprit chagrin mais perspicace. Ils annoncent une fin de civilisation. En serait-il ainsi de la nôtre ?

Paul Valéry s'est exprimé à ce sujet : « Nous autres civilisations, nous savons maintenant que nous sommes mortelles [...]. Nous avons entendu parler de mondes disparus tout entiers, d'empires coulés à pic avec tous leurs hommes et tous leurs engins, descendus au fond inexplorable des siècles avec leurs dieux et leurs lois, leurs académies et leurs sciences pures et appliquées, avec leurs grammaires, leurs dictionnaires, leurs classiques, leurs romantiques et leurs symbolistes, leurs critiques et les critiques de leurs critiques... Mais ces naufrages, après tout, n'étaient pas notre affaire. Élam,

1. Dr Jean Marchal, *L'Apocalypse de Jean*, « Question de », n° 68, Albin Michel, 1987.

Ninive, Babylone étaient de beaux noms vagues, et la ruine totale de ces mondes avait aussi peu de signification pour nous que leur existence même. Mais France, Angleterre, Russie [...] ce seraient aussi de beaux noms ! Et nous voyons maintenant que l'abîme de l'histoire est assez grand pour tout le monde [1]. »

Au fond de notre conscience, portés par notre intuition, alertés par un esprit d'observation acéré, nous savons que nous n'éluderons pas de graves catastrophes. Soyons clairs : l'avenir est sombre, et pourtant nous voici pleins d'espérance. C'est que nous avons été portés par une culture qui intègre la dure réalité des apocalypses, de ces périodes chahutées annonçant la fin. Mais ce qu'elles annoncent aussi, c'est la fin du chaos ! Sans doute nos ancêtres du XIVe siècle qui connurent tout à la fois la guerre de cent ans, les famines et la peste noire, lurent-ils, à travers l'assaut brutal de ces trois cavaliers de l'Apocalypse, leur fin prochaine. Aujourd'hui, la civilisation est planétaire et son échec le serait aussi. Mais la petite fille Espérance est avec nous, forte, tendre et fraîche. Elle nous invite à lire le dernier chapitre de la Bible, celui qui annonce la fin... des catastrophes :

1. Paul Valéry, *La Crise de l'esprit*, 1919.

« Alors je vois une terre nouvelle,
avec un ciel nouveau ; car la première terre
s'en est allée, le premier ciel n'est plus
et la mer s'est évanouie.

Puis, descendant du ciel, d'auprès de Dieu,
voici que m'apparaît la Cité sainte,
la nouvelle Jérusalem, apprêtée
Comme une fiancée pour son époux.

J'entends alors, venant du trône,
une voix qui clame : "Voici parmi les hommes
la demeure de Dieu. Il s'y établira
et ils seront Son peuple, et Lui sera leur Dieu.
Il séchera toutes larmes de leurs yeux.
Plus de mort ni de deuil, plus de cris ni de
[peine,
l'ancien monde s'en est allé."

Alors j'entends, venant du trône,
une voix déclarer : "Voici,
je fais toutes choses nouvelles."

"Écris, ajoute-t-il,
ces paroles sont certaines et vraies [1]." »

1. Apocalypse XXI, 1-5.

ÉPILOGUE

Cette vérité est la mienne depuis ma plus tendre enfance. Elle n'est pas forcément la vôtre, cher ami lecteur. Mais les paroles de sagesse que les auteurs des textes sacrés ont exprimées recèlent une vérité qui nous est commune à tous.

Que disent-ils ? Que le sort de l'homme et celui de la nature sont étroitement liés. Que les agressions que nous perpétrons contre elle finissent par nous atteindre par une sorte d'effet boomerang, comme on le voit avec le réchauffement climatique ou la montée des cancers liée à la pollution chimique. Que nous devons viser à l'équilibre, à l'harmonie, et non à l'exploitation sauvage, fébrile et sans limite. Que nous devons chanter, épouser la beauté de la nature, et non la réduire à un simple matériau exploitable et corvéable à merci.

Après ce long parcours à travers ce que nous apprennent les grandes sagesses du monde, un détour s'impose par la philosophie. Les Grecs nous ont mis en garde contre ce qu'ils appelaient l'*hubris*, la démesure, le délire, celui-là même qui s'est emparé de l'humanité contemporaine – ou plutôt de la fraction la plus riche d'entre elle –, ardemment mobilisée par la recherche du profit, la soif de l'argent. Et que ne ferait-on pas pour cela ? J'apprends ce matin même l'invention de la « télévision pour bébés » ! Comment fera-t-on pour introduire l'écran dans le ventre de la maman, quand le marketing, autre dieu des temps modernes, fera la « promo » de la télévision pour fœtus ?!

Il faut arrêter cette course folle, cette machine emballée. Et vite, avant qu'il ne soit trop tard et qu'elle ne laisse trop d'hommes et de femmes égarés, écrasés par cette nouvelle forme de stress si caractéristique de notre temps. Et trop d'autres orphelins du progrès en Afrique ou ailleurs, avec pas même le strict nécessaire pour survivre. Une honte !

Revisitons les sources de nos sagesses millénaires. La bible qualifie Adam de « terreux ». Il vient de la terre et y retournera. L'humain est humus. Le temps est venu, face à l'orgueil et à la démesure, de redécouvrir la richesse de l'humilité. Cessons de croquer avidement la pomme, car nous finirons par avoir de gros pépins !

Épilogue

Oui, il est temps de changer de civilisation, pour nous, pour nos enfants, pour les enfants de nos enfants. Oui, il est temps d'entrer joyeusement dans la civilisation de l'amour.

INDEX

L'éditeur remercie Jeanne Auzenet.

REMERCIEMENTS

Je tiens à remercier tout spécialement mon fidèle ami Chafique Younos, qui m'a succédé à l'université de Metz, pour m'avoir éclairé sur tel ou tel point concernant l'islam.

Ma gratitude va aussi à Alain Chevillat, directeur de Terre du Ciel, qui m'a documenté sur l'animisme et l'hindouisme, me faisant bénéficier de sa longue expérience.

Comment oublierais-je mon cher Roger Klaine, fidèle ami de toujours et compagnon de la première heure dans la création de l'Institut européen d'écologie. Je me suis inspiré de sa réflexion sur l'évolution du concept de nature en Occident au cours du second millénaire.

Je me suis aussi largement inspiré de l'œuvre d'Hélène et Jean Bastaire, dont la contribution est décisive pour tout ce qui concerne la place de la nature dans le christianisme.

Le numéro de la revue *L'Écologiste* consacré aux rapports de l'écologie avec les religions m'a aussi été très précieux. Je sais en devoir l'inspiration première à mon ami Teddy Goldsmith, fondateur du titre.

À tous, ma plus profonde reconnaissance.

Table des matières

DU MÊME AUTEUR

Les Médicaments, collection « Microscosme », Le Seuil, 1969. *Évolution et sexualité des plantes*, Horizons de France, 2e édition, 1975 (épuisé).

L'Homme renaturé, Le Seuil, 1977 (grand prix des lectrices de *Elle*. Prix européen d'Écologie. Prix de l'académie de Grammont), réédition 1991.

Les Plantes : amours et civilisations végétales, Fayard, 1980 (nouvelle édition revue et remise à jour, 1986).

La Vie sociale des plantes, Fayard, 1984 (réédition, 1985).

La Médecine par les plantes, Fayard, 1981 (nouvelle édition revue et augmentée, 1986).

Drogues et plantes magiques, Fayard, 1983 (nouvelle édition).

La Prodigieuse Aventure des plantes (avec J.-P. Cuny), Fayard, 1981.

Mes plus belles histoires de plantes, Fayard, 1986.

Le Piéton de Metz (avec Christian Legay), éd. Serpenoise, Presses universitaires de Nancy, Dominique Balland, 1988.

Fleurs, Fêtes et Saisons, Fayard, 1988.

Le Tour du monde d'un écologiste, Fayard, 1990.

Au fond de mon jardin (la Bible et l'écologie), Fayard, 1992.

Le Monde des plantes, Le Seuil, collection « Petit Point », 1993.

Une leçon de nature, L'Esprit du temps, diffusion PUF, 1993.

Des légumes, Fayard, 1993.

Des fruits, Fayard, 1994.

Paroles de nature, Albin Michel, 1995.

Dieu de l'Univers, science et foi, Fayard, 1995.

Les Langages secrets de la nature, Fayard, 1996.
De l'univers à l'être, réflexions sur l'évolution, Fayard, 1996.
Plantes en péril, Fayard, 1997.
Le Jardin de l'âme, Fayard, 1998.
Plantes et aliments transgéniques, Fayard, 1998.
La Plus Belle Histoire de plantes (avec M. Mazoyer, T. Monod et J. Girardon), Le Seuil, 1999.
La Cannelle et le Panda, Fayard, 1999.
La Terre en héritage, Fayard, 2000.
Variations sur les fêtes et les saisons, Le Pommier, 2000.
À l'écoute des arbres, photographies de Bernard Boullet, Albin Michel Jeunesse, 2000.
La vie est mon jardin. L'intégrale des entretiens de Jean-Marie Pelt avec Edmond Blattchen, émission *Noms de Dieux*, RTBF/Liège, Alice Éditions, diffusion DDB, Belgique, 2000.
Robert Schuman, père de l'Europe, éd. Conseil général de la Moselle et Serge Domini, 2001.
Les Nouveaux remèdes naturels, Fayard, 2001.
Les Épices, Fayard, 2002.
L'Avenir droit dans les yeux, Fayard, 2003.
La Loi de la jungle (en collaboration avec Franck Steffan), Fayard, 2003.
Dieu en son jardin, Desclée de Brouwer, 2004.
La Solidarité chez les plantes, les animaux, les humains (en collaboration avec Franck Steffan), Fayard, 2004.
Nouveau tour du monde d'un écologiste (en collaboration avec Franck Steffan), Fayard, 2005.
Après nous le déluge ? (avec Gilles-Éric Séralini), Flammarion-Fayard, 2006.
C'est vert et ça marche ! (en collaboration avec Franck Steffan), Fayard, 2007.

Photocomposition Nord Compo
Villeneuve-d'Ascq

« Pour l'éditeur, le principe est d'utiliser des papiers composés de fibres naturelles, renouvelables, recyclables et fabriquées à partir de bois issus de forêts qui adoptent un système d'aménagement durable.

En outre, l'éditeur attend de ses fournisseurs de papier qu'ils s'inscrivent dans une démarche de certification environnementale reconnue. »

Achevé d'imprimer en janvier 2008
par ***Bussière***
à Saint-Amand-Montrond (Cher)

35-57-3545-7/01

ISBN 978-2-213-63305-3

Dépôt légal : janvier 2008.
N° d'édition : 95858. – N° d'impression : 074238/1.

Imprimé en France